DU MÊME AUTEUR

Aux éditions Actes Sud - Papiers
Pièces détachées, 1986.
L'Odyssée pour une tasse de thé, 1987.
Palace, avec Topor, Gébé, Gourio, Rollin, Willem et Wolinski, 1989.
La Cuisse du steward, 1990.
Tout contre un petit bois, 1990.
Batailles, avec Topor, 1991.
Il faut que le sycomore coule suivi de *Omphalos Hôtel* et de *Six pièces minuscules*, 1993.
Monsieur Monde in *Théâtre contre l'oubli*, 1996.

Aux éditions l'Avant-Scène Théâtre
Par-delà les marroniers, n° 513, 1973.
On loge la nuit – Café à l'eau, n° 575, 1975.
Jacky Parady, n° 624, 1978.
Dieu le veut, n° 624, 1978.

Aux éditions Balland
Merci Bernard, avec Topor, Gébé, Gourio, 1984.

Aux éditions Safrat
Les candidats auxquels vous avez échappé, 1988.

Aux éditions Presses de la cité
J'ai encore oublié Saint-Louis, 1991.

MONOLOGUES
BILOGUES
TRILOGUES

ISBN 978-2-7427-1376-9

Illustration de couverture :
Yannis Kokkos
Caricature de Jean-Michel Ribes

JEAN-MICHEL RIBES

MONOLOGUES
BILOGUES
TRILOGUES

Préface de Roland Topor

BABEL

A Roland Topor qui me manque tant.

PRÉFACE

Jean-Michel Ribes a le pouvoir de destruction d'un revolver automatique chargé dans la main d'un tireur d'élite.

TERRIBLEMENT drôle.

Les cibles les plus diverses grouillent dans tous les sens, prises de frénésie. Elles s'affolent, tentent de se dissimuler les unes derrière les autres, changent de forme et de couleur, s'évanouissent dans la nature.

Jean-Michel Ribes vise posément. Il appuie sur la détente. La balle atteint toujours son but. Mais le calibre et la nature du projectile varient. C'est parfois une pièce de théâtre, une émission de télévision, ce peut être une nouvelle, un livre, ou bien un film.

La cible touchée de plein fouet s'effondre en faisant : Flotch ! ou Pffff ! ou Zbang !

Un bruit inattendu, d'un effet réjouissant. Rigolo.

Attention, Jean-Michel Ribes n'a rien d'un clown comique.

Il est TERRIBLEMENT drôle.

D'ailleurs, il répond parfaitement à toutes les définitions de ce mot données par le Larousse :

– qui fait rire par son originalité, sa singularité ;
– bizarre, singulier ;
– mauvais sujet ;
– homme singulier et plaisant.

Le dictionnaire a raison d'insister sur la singularité de cet individualiste forcené. Non content d'être le dernier des "mauvais sujets" (une espèce en voie de disparition), ce drôle de pistolet fait également disparaître notre monde quotidien. Il fait de nous des étrangers dans notre propre patrie. A la place des lieux communs et publics, des idées reçues par lettre recommandée ou par héritage, des personnages confits dans leur morne destin, ses cibles favorites, il bâtit un univers flottant, soumis à des lois plus compliquées que celles de la pesanteur et du commerce, un Luna Park délirant dont les attractions diaboliques nous font perdre le nord.

Nous voilà dérivant loin de la terre sur un bateau ivre, en compagnie du sobre capitaine Ribes, parmi les éléments déchaînés.

TERRIBLEMENT DÉPAYSÉS.
TERRE RIBES ÉLÉMENT.

ROLAND TOPOR

I

MONOLOGUES

VENISE ZIGOUILLÉE

Venise zigouillée a été créé par Judith Magre en novembre 1986 au Théâtre du Rond-Point.

Une femme élégante, œil noir, lèvres rouges.

LA FEMME. J'avais le choix mais c'est par un jeune homme un peu gras, coiffé d'un bonnet de velours que j'eus envie de commencer. Ils étaient une centaine, bien alignés le long des murs de la salle du Grand Conseil, mais lui avec son menton plié en deux, comme une paire de fesses délicatement assises sur un col de dentelle, son front jaune trop verni et son petit air de chef-d'œuvre, il m'avait tout de suite agacée. Il paierait le premier. Je traversai la salle du Grand Conseil, toute sculptée, toute dorée, magnifique comme le reste, comme tout le reste, dehors, dedans, en haut, en bas, partout, l'air, le ciel, les rues, les églises, les maisons, les palais, les barques, les canaux, les ponts en pierre, en bois, en marbre – magnifiques, magnifiques –, sans compter l'eau qui redouble tout ça, qui dédouble le tout pour rattraper ceux à qui ça aurait pu échapper ; ceux qui tenteraient de s'échapper de la magnifique beauté d'Othello City, l'eau la leur rebalance encore un coup. A Venise, avec la flotte tout est magnifique deux fois ! On n'y coupe pas. *(Un temps. Elle continue d'une voix maîtrisée.)* Je me suis approchée de lui comme les autres, émue devant la perfection, la bouche entrouverte prête à soupirer, admirative, l'œil agrandi par son élégance, j'avançais planquant ma haine au mieux, parce que cette fois, il ne m'aurait pas, ni lui ni ses sublimes copains, ni la place Saint-Marc, ni le Rialto, ni la Fenice, ni les pigeons, la trattoria Pesaro, le palais Balbi, ni les rats qui ici finissent par être séduisants tant ils sont pollués par le charme des Vierges à l'enfant qui bordent partout les égouts. *(Un temps.)* Ma main ne tremblait pas… du tout. J'avais tout de même mis un gant par précaution, elle aurait pu succomber à la douceur de son regard, fondre, s'amollir, irradiée par sa fraîche beauté… mais je lui avais mis une combinaison de plomb à ma main, elle ne tremblait pas, au contraire, elle piaffait. Vas-y ! D'un seul coup, je lui fichai mon rasoir sous l'œil, et poussant vers le bas, je lui découpai la joue, puis le cou, puis je recommençai vers le nez que je tronçonnai en lamelles. Ah, taillader un Véronèse à trois heures de l'après-midi au cœur du palais des Doges. Le voir se fendre, se casser, se cornir comme un vieux hareng, quel délice ! quel air pur soudain ! Et puis continuer avec deux tournevis, sur les Tiepolo et les Titien, arracher la trogne douceâtre de saint Jean et celle, édentée, de Luc l'Evangéliste, déglinguer un triptyque, couper les fesses énormes des Grâces qui se pavanent devant Mercure, et s'apercevoir, à sept heures du soir, qu'il ne vous reste plus qu'à taillader une grande fresque du Tintoret pour que l'endroit soit désormais totalement inoffensif, sans risque... Plus de danger qu'il vous colle l'extase, l'ivresse du Quattrocento, la griserie des chefs-d'œuvre qui vous bouleversent la composition sanguine et vous exagèrent les sens. Parce que quoi ? Georges, quoi ? Il avait juste une petite bandaison pour moi, une fierté de la verge, un élan, une chaleur des reins, pas plus. Seulement, dans cette confiture de splendeurs, ça vous apparaît comme de l'amour et vous aimez, vous aimez, vous aimez, le cœur mis en apesanteur par le charme toxique des mosaïques, tandis que les perfides sonorités des campaniles à la tombée du jour transforment petit à petit le type insignifiant qui vous tient la main en quelque chose de proche de l'idéal, sans compter les gondoles – les gondoles je les ai toutes coulées ! –, les gondoles, dont la danse imbécile vous multiplie tout à fait anormalement le sentiment ! Parce qu'il était insignifiant Georges ! Oui vraiment ! Médiocre, piteux, quelconque !... Et ces angelots en stuc qui lui donnaient un sourire si doux, croyez-moi ils ont giclé ! *(Un temps. Elle allume une cigarette.)* Le palais des Doges s'est effondré vers vingt-trois heures entraînant la tour de l'Horloge qui dans sa chute a réduit en poussière la basilique Saint-Marc. De la chance. Tout de suite après, j'ai attaqué à la masse une dizaine de parvis byzantins, à minuit, l'arche brisée par la dégringolade de six apôtres en bronze, le pont des Soupirs se noyait relâchant par une grille des souvenirs malodorants. A l'aube, le feu cramait la rive gauche du Grand Canal, l'église de la Salute péta d'un coup "boum", trop de somptuosités accumulées dégagent probablement un gaz ; le matin, l'Est, le Sud et l'extrême Nord agonisaient mais rien n'était gagné : les palais Rezzonico, Grassi et Dandollo étaient toujours bien vivants, beaux comme la peste, se fardant tranquillement la façade avec la levée du soleil. Odieuse mascarade ! Il ne fallait pas traîner. Deux jours pour détruire Venise c'est juste. Serré même. Je devais la garrotter très vite, avant qu'elle ait le temps de réagir, de séduire, de tromper, de m'avoir à nouveau... Tuer Georges, bien sûr, aurait été plus facile. Quand, à notre retour d'Italie, il m'a quittée pour cette jeune femme rousse qui ressemblait à un dindon, j'ai hésité, j'ai même acheté un revolver. Pan ! Une balle au-dessous de ses gros sourcils noirs, en dix secondes, tout était réglé ! Mais finalement, j'ai opté pour le massacre de Venise : la zigouiller ! C'était elle la garce ! Le poison ! Pas ce pauvre branlotin qu'elle avait déguisé en amour fou ! J'ai pris le train un lundi soir, jeudi matin le délicieux hôtel Danieli dont la grâce vénéneuse avait, pendant trois nuits, donné à Georges les traits de l'homme de ma vie, terminait de s'enfoncer dans la vase. Venise était rasée. Aujourd'hui, il ne reste que la lagune et la mer. Pourtant soyez tout de même prudents, n'y amenez personne. On dit qu'il y a encore risque de charme dans la région pendant au moins trente ans.

LE SOCIOLOGUE

Le Sociologue a été créé par Jacques Villeret dans le film *Rien ne va plus* (1979).

Oui, j'ai bien compris votre question… Oui… Oui… Eh bien, à mon sens, ce qui caractérise ce temps, et quand je dis ce "temps", c'est le contenu spatial du concept "temps" qui, bien sûr, m'intéresse ; ce qui caractérise donc, à mon avis, ce temps, ce qui est ce que j'appellerai son "image-définition" – vous remarquerez au passage que dans définition, il y a "défi" et qu'image contient "âge" –, c'est la conjonction des pulsions et des possibles qui, telle l'eau trop chauffée dans la bassine, fait imploser-exploser le couvercle dialectique de l'écheveau des idéologies, balayant d'un seul coup d'un seul le "je" et le "ça", pour atteindre la seule finalité de l'homme nouveau : LA CLARTÉ.

ULTIME BATAILLE

Ultime bataille a été créé par Tonie Marshall le 15 novembre 1983 au Théâtre de l'Athénée.

Un jour de septembre. Il s'achève. Une jeune femme est assise. Un châle qu'elle ajuste de temps en temps pour se protéger de la fraîcheur du soir lui recouvre les épaules. Son visage est imperceptiblement animé par l'exaspération lasse de quelqu'un qui écoute pour la centième fois la même histoire. Au bout de quelques instants, avec la voix douce et décidée d'une femme qui veut en terminer sans éclat, elle interrompt son interlocuteur.

LA JEUNE FEMME. Guy… Guy… Non Guy… Guy s'il te plaît… maintenant il faut que je rentre. Si. Tous ces mots, toutes ces phrases n'ont plus de sens… Non je ne suis pas cruelle Guy, j'essaie simplement… Comment ? De filer en douce ? Oh Guy je t'en supplie, ne sois pas de mauvaise foi… Mon Dieu pourquoi tout est si compliqué !… Disons que je ne voudrais pas que nous gâchions le souvenir des moments heureux que nous avons vécus ensemble par une sortie ratée… si Guy, si nous continuons comme ça, j'ai peur que nous finissions par tout salir… et c'est vrai, j'ai envie que nous nous quittions d'une façon qui soit digne de toi, de moi, de nous... Tu le mérites, moi aussi... Comment ?... Je n'ai pas entendu ?... Mais si je t'écoute Guy mais tu es de plus en plus essoufflé, par moments tu ne parles pas tu mugis, tu ne t'en rends peut-être plus compte mais tu souffles comme un bœuf et ce n'est pas toujours simple de te suivre... Non Guy je ne t'en veux pas de souffler comme un bœuf, je sais que tu es dans une situation éprouvante mais comprends que pour moi non plus ce n'est pas facile de discuter de choses que tu ne veux pas comprendre, sur ce balcon, depuis trois heures !... Oui je sais que nous n'en sommes pas au même point, moi je suis assise là, et toi tu es accroché à la balustrade par les mains, les pieds dans le vide... Comment ?... Je l'ai dit... Si, je l'ai dit, les pieds dans le vide... J'ai dit exactement "accroché par les mains, les pieds dans le vide" !! Mais Guy tu sais bien que dans un couple, et à plus forte raison lorsqu'il est sur le point de se séparer, il est rare que les deux partenaires soient au même niveau... tu le sais ça Guy, tu ne peux pas me reprocher une situation qui est commune au genre humain... Guy crois-moi notre seule issue c'est le courage : moi je rentre, toi tu lâches... et on n'en parle plus... C'est net, c'est propre, ça nous ressemble... Oui je sais que c'est douloureux, mais ne vaut-il pas mieux avoir mal un grand coup et puis c'est fini, que de nous séparer en nous déchirant à petit feu ? Regarde dans quel état tu es, Guy, tu es violet, ton cou est tout gonflé, tu baves, tes bras suppurent, vraiment je t'assure, tu n'es plus toi-même, et tes mains, regarde tes mains... Comment ? tu ne peux pas les voir ? Eh bien moi je les vois et je peux te dire qu'à force de s'agripper sur le ciment, elles ne sont pas jolies jolies !... Guy il fait froid ce n'est pas raisonnable, on va finir par s'enrhumer... Allez, soyons grands : lâche ! Quoi ? Je n'ai qu'à rentrer ? C'est ça que tu viens de dire, "je n'ai qu'à rentrer" ?!! Tu ne manques pas de culot ! Et toi, pendant ce temps-là, tu resteras là ! *(Elle s'emporte.)* Tu veux que je travaille, que je mange, que je dorme, que je lise, avec sans cesse cette pensée dans la tête : "Il y a Guy qui est pendu à mon balcon." C'est ça que tu veux ? Me foutre ma vie en l'air... *(Elle sursaute.)* Oh pardon, c'est ta main ? J'ai marché sur ta main ?... Oh non Guy ça je t'assure ce n'est pas mon style... je suis tout à fait contre ce genre de procédé... A force de parler, la nuit tombe, il fait noir et je n'ai pas vu ta main... où es-tu ?... Ah c'est la gauche... Comment ? La gauche c'est celle qui tient encore ? C'est sur la droite que j'ai marché !... Je vais t'aider à la remettre où elle était... si si j'y tiens... Je ne veux pas que tu me prennes pour une sauvage... donne-la-moi... doucement... Hop attention... raté... oui oui je sais que ce n'est pas facile... tu balances beaucoup... Comment ? Oui remarque, ça, le vent, on ne peut trop rien dire, à n'importe quel douzième étage il y en a... Hop ! Voilà ça y est, agrippe le bord du balcon... Oh, oh, oh ! le tricheur, pas le fer forgé, juste le ciment, à la même place que tout à l'heure... voilà. *(Elle se rassoit.)* Tu vois Guy finalement ce petit incident a du bon, il montre que nous sommes amis, que rien n'est vraiment mesquin, petit, entre nous et je crois sincèrement que c'est le bon moment pour nous dire au revoir... Allez Guy chacun de son côté, fair-play, je rentre... Tu lâches !... Oh non par pitié tu ne vas pas recommencer à répéter que je te laisse tomber ! Non Guy, je ne te laisse pas tomber, je veux que chacun continue sa route c'est tout... ! Non ce n'est pas la même, je sais, je sais Guy, mais je te demande, QUI s'est pendu au balcon hier soir en me menaçant de sauter ?! C'était pour me faire peur ? Eh bien ça m'a ouvert les yeux, Guy, et je t'en remercie... Un cœur de pierre ! Comment peux-tu dire ça Guy, la douleur t'égare... Si j'avais un cœur de pierre, est-ce que tu crois qu'il y a exactement trois ans, quand tu as atterri sur ce balcon, sans rien, avec juste un pantalon et une chemise à peine propre, tu m'aurais émue ? Est-ce que tu crois qu'avec un cœur de pierre j'aurais succombé à ton petit visage fatigué d'être resté pendu deux jours et deux nuits à la fenêtre de la fille du dessus ? La petite garce du treizième qui t'a balancé du jour au lendemain au moment où tu voulais l'épouser ?... Non Guy je n'ai pas un cœur de pierre, j'ai un cœur tout court, mais un cœur aujourd'hui vide de toi, je ne t'aime plus Guy... c'est tout... Guy ? Guy ? Guy tu es là ?... Tu as lâché ? *(Soudain émue.)* Ça fait quand même drôle… *(Elle se penche par-dessus le balcon.)* Oh il est tombé sur la terrasse de Mme de Verlan… La voilà, elle arrive avec son valet de chambre, elle lui offre du champagne… elle l'emmène chez elle !!! Finalement c'est bien ça les hommes, il faut toujours qu'ils compensent leur effondrement amoureux par une ascension sociale.

CAMPAGNE ÉLECTORALE

Campagne électorale a été créé par Claude Piéplu pour la série *Les candidats auxquels vous avez échappé*, Canal + (1988).

Un homme de quarante-cinq ans, style P.-D.G. tendu, apparaît plein cadre à la télévision. Il contient mal sa colère.

L'HOMME. Bonsoir. Je vais aller droit au but : je trouve scandaleux, il n'y a pas d'autre mot, SCANDALEUX, qu'une chaîne de télévision française, diffusée sur l'intégralité du territoire national, autorise un type comme moi à s'exprimer. C'est une honte !

Tout le monde sait que j'ai détourné pendant dix ans les fonds collectés par l'association humanitaire "Pologne-Bangladesh", ce n'est un mystère pour personne, je suis très impliqué dans l'affaire des fausses factures de Nice, de plus qui ignore que je suis un exhibitionniste notoire, puisque la presse entière a parlé de mon arrestation devant Sainte-Croix de Neuilly, côté cours primaire.

Et ce n'est pas fini ! Vous savez pourquoi je parle ici ce soir ? Parce que j'ai acheté le P.-D.G. de la chaîne avec un chèque de cinquante millions de francs, dont voici la copie. *(Il la montre.)* Monstrueux non ?!!

Français, Françaises, un pays qui laisse une ordure, je dis bien une ordure comme moi, parler sur l'une de ses chaînes est un pays malade. Si on veut le sauver, il est grand temps de le soigner radicalement, c'est-à-dire de le gouverner autrement. C'est la raison pour laquelle, si vous m'élisez, je vous fais le serment solennel qu'on ne me verra jamais plus à la télévision. PLUS JAMAIS !

MONSIEUR MONDE

Monsieur Monde a été lu le 9 décembre 1996 par Ticky Holgado au Théâtre de l'Odéon pour le trente-cinquième anniversaire d'Amnesty International. (Texte publié dans *Théâtre contre l'oubli*, Actes Sud - Papiers.)

Un homme bien habillé, bien nourri, bien coiffé entre sur scène.

L'HOMME. Je sais ce que vous regardez. Dès que je suis entré j'ai vu la direction de vos yeux, la cible de votre regard. Il faut vous dire que j'ai beaucoup étudié sur ce sujet. Je suis une sorte de spécialiste de l'autre. Je saisis très vite ce qui se passe dans la tête de la personne qui se trouve en face de moi et même de celle qui se trouve sur le côté. Ce n'est pas un don c'est le résultat d'un long travail. Six ans d'études… *(Il allume une cigarette.)* Ce sont mes taches n'est-ce pas, celles qui se trouvent sur ma chemise un peu au-dessous du col, qui vous intriguent ? Vous voyez que j'avais compris. A votre place j'aurais fait la même chose, direct sur les taches le regard… Eh bien aussi étonnant que cela puisse vous paraître, elles n'ont rien à voir avec de la saleté, de la crasse, de la moisissure ou toute autre dégueulasserie que l'on peut trouver sur un vêtement. Rien. Dans la nouvelle cité des fonctionnaires nous avons comme vous le savez l'eau courante depuis cinq ans et croyez-moi nous en profitons. Tout y passe, notre linge, nos bras, nos jambes, notre tête, notre trou du cul, nos dents, tout. Concha ma femme et moi respectons très scrupuleusement les règles d'hygiène fixées par la loi et je peux même dire qu'au moins une fois sur trois nous nous lavons très au-delà de ce que demande le gouvernement. J'affirme que jamais ni moi ni ma femme n'avons senti. En tout cas depuis l'arrivée du président à la tête du pays. Pas la moindre mauvaise odeur corporelle, ni chez nous ni *a fortiori* dans un lieu public. Nous avons parfaitement compris la pensée 43 du chef de l'Etat : "Un pays propre c'est un peuple propre." Et nous avons aidé notre entourage à la comprendre. Aujourd'hui aucun de nos voisins ne pue. Je ne dis pas que c'est entièrement grâce à nous, mais je crois avoir pris ma part, même modeste, dans le grand élan national pour nettoyer la patrie. Et c'est une satisfaction, une véritable satisfaction... *(Il aspire une longue bouffée, l'expire et indique de l'index le haut de sa chemise.)* Ces taches, je les ai découvertes il y a vingt ans. Un début juillet. Croyez-moi j'ai été secoué, une vraie tornade de trouille des pieds jusqu'à la tête. A l'époque j'étais apprenti surveillant dans un petit centre pénitentiaire à Mourks. Une prison modeste un peu laissée à l'abandon par l'ancien régime mais qui redémarrait très bien grâce à son nouveau directeur le capitaine Arturo Khoeler, un jeune officier qui interprétait avec beaucoup d'énergie la pensée 118 du président : "Un pays propre c'est une liberté propre." En six mois la prison était archibourrée, un bel exemple de redressement pour le pays. La télévision cita plus de cinq fois la prison de Mourks, c'est dire si on était fier d'y travailler et de porter l'uniforme gris et noir de ses gardiens ! Une merveille d'uniforme avec la casquette qui nous tombait bien droit sur le nez comme celle du président, en moins dorée bien sûr, mais exactement la même forme. Moi, je prenais mon service à treize heures, je m'occupais des "questionnés". C'était les nouveaux prisonniers qui avaient été interrogés par le capitaine Khoeler le matin. Nous les jeunes on les récupérait en début d'après-midi pour les remettre en cellules. La plupart dormaient ou faisaient semblant, il fallait les traîner dans les couloirs, un travail fatigant mais idéal pour les débutants parce que pas dangereux. Très rares étaient ceux qui se réveillaient. Je ne vous dis pas que de temps en temps on ne tombait pas sur une mauvaise tête, le genre de type qui gueule comme s'il faisait un mauvais rêve, mais il suffisait de le cogner un peu contre le mur et hop il se rendormait. Un apprentissage très sûr. Ni moi ni aucun de mes collègues n'a été blessé pendant le stage. Un excellent établissement cette prison de Mourks et aujourd'hui quand j'y pense ça ne m'étonne pas qu'on soit passé plusieurs fois à la télé. Moi j'étais si content de porter mon uniforme que je m'arrangeais toujours pour passer dans la plus belle avenue de la ville, l'avenue Makabal bien sûr, tout inondée de soleil à midi. J'ai un peu honte de le dire mais à cette époque la belle avenue ne portait pas encore le nom de notre président, elle s'appelait l'avenue Tosh, Amédée Tosh ! ce soi-disant poète qui pendant plus de cinq siècles a infecté notre pays avec ses écrits sans que nous nous en apercevions, et qui aurait probablement continué à nous pourrir la tête si notre président n'avait pas découvert que ses romans, son théâtre, ses poèmes n'étaient en réalité rien d'autre que du venin, un sale poison destiné à tordre le cerveau des hommes, à les rendre fous. Comme ces étudiants de Blouda qui pour protester ont couvert les murs de la ville de ses poèmes, le jour où notre président a pris le pouvoir ! Tosh en avait fait des déments qui s'opposaient à la vérité historique ! *(Il aspire une bouffée, réfléchit un instant puis lance.)* "Un pays propre c'est une culture propre", telle fut la réponse du président. Une phrase, une seule qui réussit à terrasser l'œuvre entière d'Amédée Tosh. Tous ses livres furent brûlés, on pendit ceux qui osaient encore fredonner ses chansons, et ses descendants ou ceux qui portaient son nom furent condamnés à mort, ce qui du point de vue scientifique était une bonne chose, car on sait maintenant que la poésie tout comme la variole se transmet par les gènes. Il fallait en finir avec la race des Tosh une fois pour toutes. Quant aux étudiants de Blouda, grâce à l'efficacité de nos centres de rééducation on a pu en récupérer un bon gros tiers, les autres ont préféré se suicider, ils ne supportaient pas la honte d'avoir commis un tel crime... Tout ça est bien triste. Méfions-nous des poètes ! Et comme l'a dit très justement le gouverneur de la province de Tsao-Bjing : "Je peux toucher un fusil, conduire un tracteur, gravir la montagne, mais la poésie je ne l'ai jamais vue. Ne serait-elle pas sœur de ces virus invisibles qui nous rendent malades ?"... à deux ou trois mots près c'est ce qu'il a dit... Presque tous les hauts responsables du pays, à l'exemple du président, ont des pensées... lui en est à 12 640... étonnant pour un homme qui il y a trois ans était simple sergent... Un vrai miracle de Dieu qu'un homme d'une telle capacité spirituelle tienne le gouvernail du pays. Sûr qu'on risque pas de tamponner un iceberg ! Elu, voilà ce que nous sommes, le peuple élu, il y a pas d'autre mot, élu ! *(Il jette sa cigarette et en allume aussitôt une autre.)* C'est le tabac du pays, une merveille, on nous demande d'en fumer deux paquets par jour pour aider les paysans, eh bien moi je dis qu'un pays qui soutient son économie en donnant du plaisir à ses habitants est un pays heureux ! ... *(Il tousse, se racle la gorge et reprend.)* Alors tout content de promener mon uniforme sur la plus belle avenue de la capitale, je marchais au milieu des gens fier comme un porte-drapeau... et puis soudain j'ai senti une sorte de trouble chez une personne qui venait de me croiser, puis chez une seconde, je ne pouvais pas me tromper je sortais à peine de l'école où j'avais appris à savoir ce qui se passait dans la tête des autres… les gens qui passaient à côté de moi éprouvaient j'en étais sûr, un peu comme vous en ce moment, un vrai malaise. J'ai fini par me regarder dans la vitrine d'un magasin pour essayer de voir ce qui pouvait déclencher ce trouble chez mes concitoyens. Honnêtement quand je me suis aperçu en reflet dans la vitre j'ai eu envie d'applaudir ! C'est vraiment magnifique un jeune gardien de prison tout en gris et noir ! Et puis tout à coup mon cœur s'est arrêté, mes jambes sont devenues liquides, l'air me manquait : là, sur le haut de ma chemise, des taches, des taches brunâtres comme celles que vous n'arrêtez pas de regarder depuis que je suis entré, saccageaient mon plastron d'apprenti surveillant du pénitencier le plus célèbre du monde !… Vous dire comment j'ai eu la force de courir jusqu'à un poste de police, je ne sais pas ! Par chance quand je suis arrivé, un médecin des forces spéciales anti-infection se trouvait là, on a aussitôt fait analyser ma chemise, deux heures d'attente insoutenable, et puis enfin la délivrance : pas le moindre microbe ! pas la moindre saleté ! Il ne s'agissait que d'un peu d'eau que la chaleur étouffante de l'été avait extraite de mon corps et qui avait imbibé par endroits ma chemise. Oh, je peux vous dire que ce fut le plus beau jour de ma vie ! Ils m'ont gardé trois jours pour examens complémentaires, depuis cette histoire d'Amédée Tosh qui nous avait niqué pendant cinq siècles sans qu'on s'en aperçoive, on préférait prendre deux précautions plutôt qu'une.

Les examens ont confirmé le premier diagnostic, ma sueur était totalement pure, "de l'eau minérale", a plaisanté le médecin des forces spéciales, "tu devrais la vendre en bouteille !" Je peux vous dire que le soir avec Concha ma femme, on a bien ri, "tu n'es qu'un foutu paysan du Nord, elle me disait, tu es fait pour la neige pas pour le soleil !" *(Il s'arrête soudain.)* Oh mais je m'aperçois que je vous ai dit le nom de ma femme mais pas le mien ! Je ne me suis pas présenté, je suis tout à fait désolé ! Je m'appelle Razi – Pablo – Zomelitch, j'ai quarante-quatre ans et je suis responsable au ministère de l'Intérieur des récidivistes et c'est vrai, je suis né dans le Nord. Près de la petite ville de Capuchepu dans la montagne de Bratz à quinze kilomètres de la frontière. Ma femme qui aime rire comme vous l'avez remarqué me dit souvent : "Tu as de la chance Razi, à quinze kilomètres près tu serais né chez les Kbaures et aujourd'hui tu ne serais qu'un nègre mécréant, un hérétique, un chien galeux sans religion, et d'ailleurs tu serais déjà mort, tué par nos militaires qui combattent victorieusement les Kbaures tous les jours que Dieu fait, et ton âme serait en train de brûler en enfer ! Tu as eu beaucoup de chance Razi, tu es passé à quinze kilomètres de l'enfer éternel, ta culotte a dû sentir le roussi !" Quand j'écoute Concha je ris souvent mais je me dis aussi que les femmes à la différence des hommes ne sont pas faites pour comprendre les grandes choses, leur cervelle est admirable pour nettoyer l'enfant, faire cuire la viande et arranger la maison, mais le linge de l'univers, les habits du monde c'est l'homme qui les porte, c'est lui qui peut comprendre la terre et l'organiser. C'est pour ça que Concha n'a rien pigé à cette histoire de quinze kilomètres de l'enfer. Ce n'est en aucun cas de la chance si je suis né du bon côté de la frontière. En aucun cas. C'est Dieu qui l'a voulu. Moi qui suis très croyant pourquoi m'aurait-il fait naître chez les Kbaures, chez ses pires ennemis ? Va Concha, va voir chez les nègres s'il y a un seul homme qui ressemble à notre président, aussi éclairé, supérieur et plein de pensées… Non tu ne trouveras qu'un ramassis de canailles que Dieu a concentré dans cette région pour que nous puissions aller les exterminer sans dépenser trop d'essence. Parce que Dieu est infiniment grand mais aussi infiniment conscient de nos problèmes de pétrole. Rien à voir avec la chance ma pauvre Concha si je ne suis pas Kbaure, rien à voir… D'ailleurs ma femme n'argumente jamais avec moi, elle sait que pour tout ce qui touche à Dieu face à moi elle ne peut pas faire le poids. Six ans d'étude à la divine école, avec un diplôme de deuxième catégorie et un certificat d'excellence à la sortie. De l'âge de quinze ans à celui de vingt et un ans j'ai étudié à la divine école. C'est là qu'avec l'enseignement de Dieu j'ai appris à connaître l'autre, le prochain qui est la façon d'appeler l'autre en jargon religieux… Enfant je n'étais qu'un sale petit ignorant, un berger aussi stupide que les brebis qu'il gardait. Pour vous dire, dans la montagne il m'arrivait parfois de jouer avec des bergers kbaures, vous voyez le niveau ! Mon père heureusement a été clairvoyant. Quand le sergent Makabal, notre président, a pris le destin de la nation en main, et que peu de temps après, le maire de notre ville a été pendu par les couilles à une grue qu'avaient apportée des militaires, mon père a soudain compris l'importance de Dieu qui avait guidé notre président et m'a inscrit à la divine école. Etonné je lui demandai : "Tu crois en Dieu maintenant papa ?" "La seule chose que je crois, m'a-t-il répondu, c'est que dans la vie on a deux testicules et pas plus..." A vrai dire je n'ai jamais su si papa croyait ou non en Dieu. C'est d'ailleurs ce que j'ai indiqué dans mon rapport pour le diplôme de fin d'étude de la divine école. Pour obtenir son titre de sortie, il fallait montrer dans un exercice pratique qu'on était capable de deviner s'il y avait Dieu dans son prochain. Et quoi de plus prochain quand on est jeune que ses parents ? J'ai interrogé les miens pendant cinq heures d'affilée dans leur cuisine, ma mère était en larmes, et même mon costaud de père s'est mis à pleurer quand pour me prouver sa foi je lui ai demandé de me laver les pieds et d'égorger ses deux dernières brebis pour les offrir à Dieu. Je crois qu'ils étaient très émus de voir leur fils si savant et si croyant. Toujours est-il que j'ai dit mon doute quant à la foi de mon père dans mon rapport. Cette franchise m'a d'ailleurs valu les félicitations du jury. Hélas je n'ai pu partager ma joie avec mes parents car pour des raisons que j'ignore mon père a été envoyé dans un camp de travail dans le désert de Kafelberg et ma mère est morte presque aussitôt en nageant paraît-il dans la rivière qui sépare notre pays de celui des Kbaures. Des voisins ont affirmé qu'en vérité elle s'était noyée dans ses larmes quand ils ont emmené mon père. En tout cas larmes ou rivière, moi j'ai fêté mon diplôme tout seul ! Mais vous n'allez pas le croire, à peine perdais-je mon père et ma mère que je trouvais une femme et bientôt un fils. Dans la taverne où j'avais été m'offrir un morceau de viande maigre et un verre de lait dégraissé, je rencontrai un homme avec qui je sympathisai. Il s'agissait d'un juge de la Haute Cour, John William Williamson, dont la dernière fille restait à marier. Trop content à l'idée d'avoir un gendre diplômé de la divine école, il me vendit Concha pour une bouchée de pain... *(Il reste un instant pensif, un léger sourire éclaire son visage.)* J'aime me rappeler le passé, tous ces bons souvenirs de jeunesse... la mémoire voilà une chose précieuse. "C'est un ruban, comme dit l'inspecteur Bricard, un long ruban qui garde tous les parfums de la vie et il faut tâcher qu'il ne sente jamais la merde !" J'aime cette phrase on dirait presque une pensée du président. Il faut dire que l'inspecteur Bricard est un grand spécialiste de la mémoire, une sorte d'ingénieur du souvenir, nous travaillons dans le même service au ministère, lui s'occupe des récidivistes qui ont des problèmes justement avec leur mémoire, tous ceux qui ont du mal à se rappeler des bêtises qu'ils ont faites ou du nom de leurs amis. Avec Bricard ça ne traîne pas, en moins de deux heures ils se souviennent de tout ! Ce type a un vrai don, avec lui l'amnésie ça n'existe pas, il fait retrouver son passé au prisonnier le plus oublieux, hop il le crache sur la table... Il nous en faudrait plus des Bricard parce qu'avec le nombre de gars qu'on entre chaque jour en cellules, c'est vrai qu'on a du mal parfois à finir la journée. Ça s'entasse, ça s'entasse et côté sortie pas grand-chose, à part les morts bien sûr mais ça n'excède jamais vingt pour cent ce qui fait que ça n'aère pas vraiment. Heureusement il y a les cages qu'on nous a livrées, on peut en mettre douze, treize dedans s'ils se tiennent debout. Et quand je pense qu'il y en a en plus qui réclament leur avocat ! Mais où on le mettrait le pauvre homme ! Je ne veux pas me plaindre, dans un pays comme le nôtre ça serait indigne, mais il y a certains soirs croyez-moi je rentre chez moi plus crevé qu'eux. C'est bien simple il m'arrive de me coucher sans dîner. Cassé, épuisé, à genoux de fatigue certains soirs. Surtout quand on a un arrivage d'intellos, alors là c'est l'horreur, neuf fois sur dix on a droit au couplet sur les Droits de l'homme. Ah les salauds, ça ils la connaissent la chanson et on a beau taper dessus rien n'y fait, ils continuent à la beugler leur litanie ! Ça pour leur avoir bourré le crâne on leur a bien bourré le crâne. Elle leur tient fort à la cervelle leur propagande ! J'arrive pas à croire qu'on puisse faire avaler une telle crétinerie à un être humain ! Les Droits de l'homme ! *(Il rigole.)* Il n'y aurait que les prisonniers, les torturés, les affamés qui auraient des droits, comme si les autres, ceux qui sont honnêtes qui vont bien qui ne souffrent pas n'étaient pas des hommes ! Non mais c'est dément. D'un côté le prisonnier a des droits le surveillant non, le criminel est un homme le policier non ! Et après on s'étonne de la délinquance qui règne à l'étranger, ils auraient tort de se gêner les assassins, les Droits de l'homme sont là pour les couvrir ! *(Il s'échauffe.)* Et notre président lui il n'a pas le droit peut-être de liquider toutes les ordures qui viennent salir ce pays et son peuple ! *(Il se met à hurler.)* Je vous pose la question ! Et moi quand la police vient chez moi, chez moi fonctionnaire parfaitement noté depuis vingt-trois ans, pour me demander où est mon fils, parce que cet enfant de pute fait paraît-il de la résistance, je n'ai pas le droit de donner son adresse peut-être !? Je l'élève, je le nourris, je lui paye ses études, dix-neuf ans que ça dure, tout ça pour qu'il m'envoie les flics chez moi comme si j'étais une pourriture d'assassin !! Bien sûr je l'ai balancé ! Et tant mieux s'il est dans un camp, ça lui remettra le chemin devant les yeux ! *(Il aspire longuement une bouffée de fumée et la recrache en remuant la tête.)* Vous ne savez pas ce que c'est que d'avoir la police chez vous et d'être questionné pendant toute une nuit. *(La rage l'envahit à nouveau.)* Parce qu'ils m'ont soupçonné, moi, Razi Pablo Zomelitch qui me lave quatre fois par vingt-quatre heures, c'est-à-dire une fois de plus que ce que demande la loi la plus stricte sur la pureté, ils m'ont soupçonné de partager ses idées ! *(Il prend sa tête dans ses mains pour tenter de s'apaiser.)* Et tout ça, tout ce merdier qui est arrivé chez moi, c'est la faute à qui sinon à cette saloperie de Droits de l'homme qui a fini par rentrer dans la tête du gosse ! Résultat ? Résultat une famille honnête, tranquille, sérieuse a failli être déshonorée en ma personne, anéantie de honte... Seulement il y a une justice, une justice qui fait que le monde continue de tourner rond et toujours dans le même sens celui de Dieu et du sergent et ce n'est pas demain que la terre fera demi-tour ou sens inverse, soyez tranquilles... tranquilles comme moi qui grâce à tout ça habite dans la cité des fonctionnaires où l'eau courante coule à flots... *(Il jette sa cigarette, rectifie son veston et désigne les taches sur sa chemise.)* Je pense que vous êtes totalement rassurés... rien de sale... Bien, maintenant que votre petite inquiétude est apaisée, je vais vous demander de bien vouloir me présenter vos papiers, je vous rappelle que toute personne qui ne les posséderait pas sera immédiatement reconduite à la frontière... Je vais commencer par le premier rang...

Il descend dans la salle.

APPEL DES CHIRURGIENS DE FRANCE

Appel des chirurgiens de France a été créé par Christian Clavier pour la série *Merci Bernard* – FR3 (1983).

Une déclaration du professeur Kotich, chef de service à l'hôpital Saint-Maximilien.

LE PROFESSEUR. Depuis 1982 la rentabilité de la profession de chirurgien a diminué de plus de soixante-dix pour cent. Aujourd'hui, il faut ouvrir dix à douze malades avant de trouver UNE perle ! Ces chiffres parlent d'eux-mêmes. Qu'on ne s'étonne donc pas que les jeunes désertent les facultés de médecine, mettant en péril la relève chirurgicale nationale.

Nous pouvons encore sauver le navire mais il faut faire vite. C'est pourquoi, devant la pénurie croissante de perles abdominales, nous demandons à tous les malades qui doivent subir une intervention chirurgicale de venir massivement en aide aux chirurgiens, en avalant la veille de l'opération un bijou de famille, un objet précieux ou même quelques pièces de monnaie.

Votre geste permettra à la chirurgie française de continuer à être ce qu'elle a toujours été : la plus riche du monde.

Pour elle, pour nous, merci.

MARCHÉ COMMUN

Marché commun a été créé par Jacques Villeret à Bobino en 1980.

LE REPORTER. Eh bien, oui, ici Jean-Claude Flatoulet qui vous parle en direct de Bruxelles... Je suis au pied du palais de l'Europe où nous attendons tous sous une pluie fine mais pénétrante la sortie des représentants agricoles du Marché commun qui sont réunis ici, je vous le rappelle, depuis jeudi dernier pour essayer de sortir l'Europe agricole de l'impasse... Mais on me fait signe... oui... oui, j'aperçois un des délégués qui apparaît sur le perron... Je crois qu'il s'agit du délégué français... oui, c'est bien monsieur Collamon-Collard... une foule de micros se tend vers lui, je vais tâcher de me glisser à ses côtés pour vous faire entendre sa déclaration.

Au début, on soupçonne à peine l'ébriété de Collamon-Collard qu'il maîtrise tout juste, puis petit à petit, tant par le rythme de ses phrases, l'insistance sur certains mots, on s'aperçoit que Collamon-Collard est rempli d'alcool jusqu'aux oreilles.

MONSIEUR COLLAMON-COLLARD. Attention… s'il vous plaît… s'il vous plaît… voilà… j'arrive… j'arrive… bien… Mesdames, mess… comment ? Ah les micros c'est là-bas… non parce que d'habitude… j'arrive, voilà… Mesdames, messieurs, après un déjeuner de travail EXTRÊMEMENT positif, mes collègues de l'Europe des neuf… comment ? des quinze !?… Attendez… *(Il murmure.)* Il y avait Roberto… Hans, Carsten, Bill, ça fait quatre… Livio, John, Ronny, ça fait… Otto et les deux roux et l'autre Turc là avec sa gueule de… et puis le Noir et moi, ça fait quinze ! Vous avez raison. Donc, après un déjeuner de travail extrêmement POSITIF avec les ministres de l'Agriculture des quinze… déjeuner de travail qui a duré… cinq heures… et demie !… c'est d'ailleurs un des plus réussis que nous ayons faits depuis six ans… eh bien, je puis vous assurer que tous les problèmes agricoles de l'Europe, aussi bien alimentaires que vinicoles ou encore ceux du vin, sans oublier ceux des liqueurs et de ce que l'on nomme à tort le pinard… ont été LARGEMENT ABORDÉS durant ce déjeuner de travail… Et je peux vous dire ce soir… s'il vous plaît, vous n'auriez pas une chaise, je préférerais parler assis. Non, bon ça fait rien, je vais m'asseoir sur les marches… et je peux vous dire ce soir sans m'avancer outre mesure que l'Europe agricole que certains disaient agonisante, voire morte, elle est repartie comme en 40, l'Europe ! Des questions ? Oui… parlez doucement s'il vous plaît et articulez bien… merci… pardon ?

Le problème des laitages hollandais ?… Oui, il a été évoqué et pour bien montrer à monsieur Van Houterbek que la France résisterait à l'invasion de la mimolette, j'ai repris quatre fois du camembert devant lui… en le mâchant avec du beurre breton ! Je peux vous assurer que cette fois la Hollande a compris ! La mimolette ne nous dégoulinera pas dessus !! Et ça ne nous a pas impressionnés que monsieur Van Houterbek, pour se venger, ait bu avec le ministre danois deux bouteilles de schnaps en refusant notre bourgogne, car l'Irlande, l'Allemagne, la Belgique et moi-même avons tout de suite répliqué en vidant neuf bouteilles de pommard… rétablissant immédiatement l'équilibre vital au sein de notre communauté….

Si ça ne vous ennuie pas, je vais continuer allongé… Oui ? S'il y a vraiment des hormones dans la volaille anglaise ? Ça je ne peux pas le dire… parce que quand le poulet au porridge est arrivé, personne n'en a pris… même pas Lord Harrigton… Rien que la sauce déjà, ça avait l'air pire que les hormones. Il n'y a que le ministre allemand qui a eu le courage de goûter une cuisse. Il n'a pas dit s'il y avait des hormones, il a simplement tout recraché en demandant que l'Angleterre soit exclue du Marché commun… Comment ? Les limites de pêche pour qui ? Pour ?… Pour les langoustines ? Ça, je ne pourrais pas vous dire… Il n'y en avait pas au menu… *(S'emportant, de plus en plus saoul.)* Comment ? La viande ?! IL-N'Y-A-AUCUN-PROBLÈME-DE-VIANDE-DANS-LE-MARCHÉ-COMMUN ! Quand on mange avec appétit, et un bon côtes-du-Rhône, qui peut me dire la différence qu'il y a entre un mouton anglais, une vache allemande ou un porc italien ? Qui ?! Ceux qui veulent casser l'Europe en jouant la carte de la différence ! Mes collègues et moi venons de déguster plusieurs viandes, eh bien PERSONNE d'entre nous, et je vous rappelle que nous sommes des ministres spécialistes, n'a pu dire ni de quel pays, ni de quel animal elles provenaient ! Et pourquoi ? Parce que nous sommes de vrais EUROPÉENS ! qui voulons une Europe égale pour tous, même pour les animaux… Voilà une très bonne proposition du délégué luxembourgeois qui s'est tellement régalé avec le curry d'agneau qu'il a demandé que l'Inde entre dans la Communauté européenne… On lui a tous dit OK… *(il titube)* à condition qu'on coupe les crédits pour la culture du chou de Bruxelles qu'on a tous trouvé dégueulasse, mais qu'on a mangé quand même à cause du fait de la ville dans laquelle on est…

Mesdames et messieurs, vu qu'il est déjà huit heures trente, je suis obligé de vous quitter, je dois aller réveiller mes collègues car dans moins d'un quart d'heure, nous avons un dîner de travail très important qui risque de durer tard dans la nuit, car le grave problème du coupage des vins italiens, français et suisses n'est toujours pas réglé… et on… on y passera le temps qu'… le temps qu'il faut… mais… on… y arrivera… à y voir clair. Comment ?… Je sais que la Suisse n'est pas dans le Marché commun… mais on préfère être prévoyants…

on ne sait jamais… si un jour elle vient… eh bien pour son vin, on sera déjà bien avancés… Ce sera toujours ça de gagné.

Il pénètre en titubant dans le bâtiment.

JEUX ET JOIES

Jeux et Joies a été créé en 1982 par Claude Piéplu pour la série *Merci Bernard* – FR3.

L'ANIMATEUR. Bonjour à tous. Bienvenue à *Jeux et Joies*. L'été approche à pas de géant et j'ai déjà reçu un grand nombre de lettres où vous me demandez de vous apprendre quelques petits jeux nouveaux pour emporter en vacances. Comme je ne sais rien vous refuser, j'ai cherché des amusements inédits qui, je l'espère, égaieront vos congés annuels.

Je commencerai pas un jeu de plage tonique et gai : le "quille-tampon". Vous prenez un ballon d'une circonférence moyenne. Vous le placez dans votre main droite en le maintenant avec la gauche. Vous dépliez ensuite le bras, vous inspirez à fond et vous le lancez de toutes vos forces dans la grosse dame la plus proche de votre parasol. Si la grosse dame tombe sur le sable, vous marquez un point ; si elle tombe sur une autre grosse dame, vous marquez deux points ; et si le grand monsieur qui vous tape sur l'épaule au moment où vous ramassez votre ballon, est le mari de la grosse dame, vous avez perdu. Les bons viseurs peuvent lancer le ballon sur les petites filles maigres, plus amusantes que les grosses dames parce que plus difficiles à atteindre. La règle reste la même, sauf que quand on perd, ce n'est plus le mari qui vous défigure mais le papa.

Pour ceux qui aiment les sports d'intelligence, je conseille le "mat-ball", agréable à l'heure de l'apéritif. Un échiquier classique avec ses trente-deux pièces mais on y joue à quatre en appliquant les règles du volley-ball. Simple mais prenant.

Pour les amoureux des cartes, je conseille vivement le "poker-Châteauroux". Le "poker-Châteauroux" obéit exactement aux mêmes lois que le poker normal. Sa particularité est qu'on n'y joue qu'avec le maire de Châteauroux. Ce jeu vif et passionnant est donc réservé à nos amis qui prennent leurs vacances dans l'Indre, l'Indre-et-Loire et à la rigueur le Loiret.

J'avoue que j'ai un faible pour le "pas vu-pas pris". Après une grande journée de soleil, il donne du piquant à la soirée. Le "pas vu-pas pris" se joue avec un sac de plage ordinaire et avec un casino. Aux alentours de vingt-trois heures/vingt-trois heures trente, le joueur doit s'introduire par un vasistas dans la salle forte du casino et vider le contenu des coffres dans ce sac. S'il n'est pas vu, il gagne, mais hélas seulement cent millions car il est obligé pour sortir d'acheter neuf cents millions les gardiens qui l'ont repéré. C'est sévère mais c'est le jeu. Si vous n'avez pas de casino dans votre lieu de villégiature, le "pas vu-pas pris" peut se jouer avec une banque, il suffit de demander au directeur de s'habiller en croupier, en général, il accepte.

Ce n'est pas une nouveauté, mais c'est chaque été un tel succès auprès des enfants, que je m'en voudrais de ne pas vous rappeler mon jeu "Au feu les pompiers, il y a la forêt qui brûle". Vous le savez, on y joue avec une simple boîte d'allumettes ou à la rigueur un briquet et avec une forêt de mille hectares.

Enfin, pour le retour en voiture, je conseille le délassant "ta gueule, eh con !". Le "ta gueule, eh con !" se joue sur la voie gauche de l'autoroute. Vous ralentissez le plus possible jusqu'à ce que le conducteur de la voiture qui vous suit se mette à klaxonner de façon hystérique. Vous ralentissez encore et quand le type, hors de lui, vous double sur la droite en vous faisant un bras d'honneur, vous en profitez pour lui jeter un "ta gueule eh con !". Ça soulage et on ne voit pas passer les kilomètres. Au bout de dix "ta gueule, eh con !" prudence ! Faites réviser les freins de votre voiture.

Voilà. Bonnes vacances avec *Jeux et Joies*.

ÇA FAIT PEUR, NON ?

Ça fait peur, non ? a été créé par Jacques Villeret à Bobino en 1980.

Ça fait peur, non ? Si, ça fait peur !... On vit dans le danger nuit et jour et personne ne le sait. Alors bien sûr les gens vous croisent et vous disent “Ah tiens bonjour, salut, comment vas-tu, alors en forme ?” Qu’est-ce que vous voulez que je leur réponde ?! Je leur dis “Oui ça va, ça va bien, très bien.” Seulement si je leur disais par exemple que mardi en allant au bureau, j’ai lu sur un petit carton accroché dans le hall : “La concierge est dans l’escalier”... Je jette un œil, elle n’y était pas ! Juré ! Ça fait peur, non ?! Si je leur disais, je les vois d’ici, ils me diraient “Mais enfin écoute, arrête, t’exagères, c’est dans ta tête.” Quoi, dans ma tête !! Et puis d’abord qu’est-ce qu’elle a ma tête ? Et à chaque fois que j’arrive en voiture au carrefour de l’Opéra et que c’est à moi de passer, tac ! Le feu passe au rouge !! C’est dans ma tête peut-être ?! A n’importe quelle heure, de jour comme de nuit, dès que ma voiture approche du feu : tac ! Rouge ! Pourquoi ?! Hein pourquoi ?... Ça fait peur, non ? Si je leur disais, je les vois d’ici, ils me diraient : “Mais enfin arrête, arrête un peu, tu lis trop !" Non justement, je ne lis plus ! Voilà ! Plus un mot, une ligne, rien du tout ! La dernière fois que j'ai ouvert un livre, je m'en souviens très bien, c'était dans le train, je m'en allais à *(il prononce très doucement)* Shugar en Allemagne. Tiens, c'est comme ça aussi, pourquoi tout le monde dit "Stuttgart" ! alors que c'est si simple de dire "Shuuugaar". Pourquoi ? Ça fait peur, non ? Je me rendais donc à Shugar par le train, je m'étais assis dans le sens inverse de la marche, non parce que je m'étais dit, si jamais ils recommencent leurs conneries comme en quarante, moi je suis tout de suite dans le bon sens pour revenir à Paris ! On ne sait jamais. Je me souviens donc, je lisais un livre léger, distrayant, un livre de Kafka. Un humoriste tchèque, un homme qui savait rire. J'en étais au bas de la page 73, je me rappelle très précisément de la phrase : "Monsieur Samsa n'avait qu'une envie : mourir." Passionné je tourne la page, quand c'est drôle on dévore, et là, ma respiration s'arrête nette, je n'invente rien : il manquait une page ! La 74 ! Tiens rien que d'en parler, ça me serre là. La 74 disparue, comme ça sans explication, le trou béant en plein milieu d'un récit, le précipice où, emporté par l'histoire, j'aurais pu tomber, disparaître... Ça fait peur, non ? Alors que faire ? Le dire à la jeune fille qui était assise en face de moi ? Pauvre petite, à son âge elle se serait affolée. Appeler le contrôleur ? Sifflet ! Cris ! Signal d'alarme ! Vous imaginez la panique ! Deux cents personnes hagardes dans la campagne en train de chercher ma page 74 ! Non, je ne pouvais pas leur faire ça. Alors, j'ai serré les poings, j'ai continué à lire, souriant comme si de rien n'était, pour que ni les passagers du train ni la petite fille en face de moi ne s'aperçoivent avec effroi que j'enjambais le gouffre qui séparait la page 73 et la page 75. *Poverina*, tu le découvriras bien assez tôt le monde et son chariot d'horreurs. Si je leur disais tout ça, ils me diraient "Mais enfin écoute, arrête un peu ton cinéma." Quel cinéma ?! Est-ce que j'y vais moi au cinéma ?! Je sais ce que c'est que le cinéma, croyez-moi, on nous fout à trois cents dans une salle toute noire avec une image qui bouge devant et pendant ce temps-là, ils en profitent pour dire des choses graves et capitales… à la télévision ! Exprès, pendant que vous n'êtes pas là ! Pas avec moi, je m'excuse, désolé, navré. Moi après une journée complète de trouille, je n'en rajoute pas, je rentre à la maison ! D'ailleurs même chez moi c'est dangereux ! C'est pour ça que je ne rentre jamais à la même heure ! Exprès pour dérouter tous les sadiques, les assassins et les malades qui vous attendent sur le palier. Tenez encore hier soir, je rentrais chez moi, il était neuf heures seize très précisément, c'est une heure tranquille en général, eh bien vous me croirez si vous voulez, j'appuie sur le bouton de l'ascenseur : EN PANNE ! Vous savez, on a beau être habitué à côtoyer vingt-quatre heures sur vingt-quatre heures le danger, ça fout un coup ! Bon je prends du recul, je maîtrise l'émotion, je fais comme si de rien n'était, je gravis l'escalier : il grinçait ! Comme par hasard ! Que faire, redescendre ? Trop tard, j'étais déjà au troisième. Je prends sur moi... mes clefs, j'ouvre ma porte et là, en un éclair, j'ai une illumination : ne pas allumer ! Un pressentiment... une certitude... il est là ! Comment qui ? Mais l'assassin ! Celui qui me cherche, celui qui allume les feux rouges quand je passe à l'Opéra, celui qui m'a volé ma page 74, celui qui a tué la concierge l'autre jour au bureau, par erreur, car c'est moi qu'il voulait liquider. Parce qu'elle n'y était pas dans l'escalier la concierge ! L'assassin m'attend chez moi, j'en suis sûr. "Y'a quelqu'un ? Y'a quelqu'un ?" Personne ne répond. Il s'est trahi, c'est qu'il est là. Deux "y'a quelqu'un" suivis d'un silence, ça ne trompe personne, surtout pas moi. Où aller ? Làbas, au bout du couloir, la cuisine, un tiroir, une fourchette, quelque chose pour me défendre. L'espoir. J'avance à tâtons, la moquette crisse à la lune. Aïe ! Je me cogne dans une chaise, elle tombe. Le salaud, il a tout prévu, même les pièges ! Je continue. Plus que cinquante centimètres... vingt... dix... J'agrippe la poignée, sauvé ! J'ouvre la porte de la cuisine, aussitôt je me pétrifie : là devant moi, une lueur... la porte du frigo ! Pas ouverte, entrouverte et ça, ça fait vraiment peur. Il est là, j'en suis sûr, caché dans le frigo... Vous imaginez si je leur racontais tout ça ! Dans le bac à viande ! Le sang ça les attire, je l'entends respirer derrière les entrecôtes, je me concentre et hop ! Clap ! Fermé, désolé mon vieux ! Ce n'est pas encore pour cette fois. Je sursaute, derrière moi, une porte vient de couiner ! En voilà encore un autre, mais ça ne finira donc jamais! Je me retourne, une ombre plonge sur moi, j'esquive, elle tombe, je lui casse une chaise sur la tête, j'allume. Et là qui je vois, gisant sur le carrelage ? Ma femme ! Ouf ! Ce n'est pas l'assassin ! Je suis content qu'elle soit là, muette, tranquille, immobile. Parce que ma femme quand elle bouge ou elle parle, elle me fait peur, mais là inanimée, elle me rassure presque. *(Il désigne sa tête.)* Ça va vite là-dedans vous savez, on finit par s'imaginer des choses, en fait ce n'était pas grand-chose, un accident, Josy s'était juste pris le pied dans la rallonge de la machine à laver et elle est tombée sur le carrelage en s'assommant... Maintenant, ils ne m'auront plus, je reste à la maison, calme, bien au chaud. Je préfère avoir peur chez moi plutôt qu'au restaurant ou dans la rue où vit cette foule de malades. Chez moi, il n'y a que ma femme sur le carrelage, un sadique dans le frigo, et moi... C'est maîtrisable.

Seulement si je leur disais tout ça, ils me diraient "Mais enfin, écoute, t'es dingue, c'est dans ta tête, c'est des idées." Ils ne se rendent pas compte, personne ne se rend compte ? Ça fait peur, non ?!

CAMPAGNE DE SOLIDARITÉ

(sur une proposition de Roland Topor)

Campagne de solidarité a été créé par Jacques Villeret pour la série *Merci Bernard* - FR3 (1982).

LE PRÉSIDENT DE "MÉDECINS DE L'UNIVERS". Bonsoir. Je suis venu, trop souvent, faire appel à votre générosité. Il s'agissait, vous vous en souvenez, de lutter contre la maladie, la misère, la faim, l'injustice ; chaque fois j'ai été entendu et vous avez tous contribué dans la mesure de vos moyens à sauver des enfants, des femmes, des hommes en danger de mort un peu partout dans le monde. Soyez-en remerciés. Pourtant ce n'est pas suffisant. Je viens encore vous trouver ce soir, m'adresser à votre bon cœur et à votre générosité. Ce soir je viens vous parler de moi.

J'ai besoin de cent mille francs. Oui dix millions de centimes. Cela vous semble beaucoup et pourtant songez-y, si vous tous qui me lisez en ce moment m'envoyez simplement cinquante centimes, la somme sera vite atteinte. Pourquoi ai-je besoin de cent mille francs ? Pour partir en vacances au plus vite. Est-ce que vous croyez que le spectacle de tous ces malheurs dont je vous parle à longueur d'année me laisse indifférent ? Je suis épuisé, usé, je dors mal, je rechigne sur la nourriture… je frôle la dépression nerveuse. Il faut que je parte en vacances, c'est mon médecin qui me l'a dit. J'aimerais aller sur la côte… dans un petit hôtel… oublier la solitude, essayer de rigoler un peu… au soleil… je suis encore jeune mais la vie est courte… je vois la vieillesse qui arrive, j'ai des cheveux blancs… et puis j'ai jamais été sur la côte de ma vie… Alors je vous en prie, une dernière fois, envoyez-moi cent mille francs… N'ayez crainte, il n'y a aucune entourloupe là-dessous, cette somme sera intégralement consacrée à mes vacances…

Dépêchez-vous… vite avant qu'il ne soit trop tard… juste cent mille francs, pour vous ce n'est pas grand-chose et ça fera un heureux. Moi. Merci.

Nota : Envoyez vos dons directement chez moi : 6, place Garouste, Bagnolet, 93.

II

BILOGUES

BATAILLE NAVALE

Bataille navale a été créé par Jean-Pierre Bacri et Philippe Khorsand le 15 novembre 1983 au Théâtre de l'Athénée.

Un radeau fait de débris du pont provenant d'un paquebot ayant sans doute sombré, dérive en plein mer.
Le radeau est séparé en deux : sur le côté gauche, les restes d'une cabine de luxe fortement endommagée. Un fauteuil en raphia y trône. Cette partie du radeau est légèrement plus haute que la partie droite, elle domine.
La partie droite n'est plus qu'un vague plancher fait de lattes disjointes où l'eau passe. Sans doute un morceau de coque attenant à la cabine, arraché à sa suite.
Félix Blandaimé, la cinquantaine élégante, est vêtu avec ce qui reste d'un smoking très bien coupé. Il occupe la cabine, partie haute et riche de cette embarcation de fortune. Il écrit avec un stylo dont il prend grand soin. A ses côtés, accrochée à un pan de cabine, une bouée du Neptune *(nom du bateau qui a coulé), reliée à un filin. Quelques objets : valises, livres reliés, etc.*
Plantin, que nous découvrons au bout de la seconde réplique, est ce que l'on a coutume de nommer

chez les Blandaimé un "homme du peuple". Il ne possède rien, sinon une bouteille de whisky vide qu'il tient précieusement coincée dans sa ceinture. S'accrochent sur lui, en haillons, les lambeaux d'un costume de barman ; sur l'épaule droite de la veste, on devine l'épaulette dorée... Un demi-nœud papillon, un quart de pantalon et une chaussure entière.
Blandaimé est sur le fauteuil en raphia. Il écrit. Sans lever la tête, il s'adresse à Plantin.

BLANDAIMÉ. Vous vous noyez ?... Plantin ?... Etes-vous en train de vous noyer ?... Je ne vous entends pas... Plantin répondez !

Plantin que l'on découvre sur la partie droite du bateau.

PLANTIN. Je scrute.

BLANDAIMÉ *(l'apercevant).* Vous pourriez prévenir, mon vieux, c'est agaçant à la fin ! J'allais jeter la bouée.

PLANTIN. Ça n'aurait servi à rien, je scrute !

BLANDAIMÉ. Oui, mais enfin comment voulez-vous que je le sache moi que vous scrutez, vous faites le même bruit que quand vous vous noyez... Alors déjà que je m'époumone à vous envoyer vingt fois par jour cette bouée parce que vous êtes incapable de tenir plus d'une demi-heure debout sur ce radeau sans tomber dans l'eau, si en plus il faut que je vous la jette quand vous ne vous noyez pas !

PLANTIN. Faisons comme avant.

BLANDAIMÉ. Qu'est-ce que nous faisions avant ?

PLANTIN. Quand je commençais à glisser et que je sentais que j'allais me noyer, je criais : "Au secours, au secours."

BLANDAIMÉ *(affolé)*. Oh là, oui, oui, je me souviens… c'était horrible ces braillements, ce tohu-bohu… non surtout plus ça… non continuez à vous noyer en silence… par contre si vous ne scrutez pas plus de deux à trois fois par jour…

PLANTIN. C'est à peu près le rythme que je m'impose.

BLANDAIMÉ. Parfait, alors dans ce cas, c'est quand vous scrutez que je vous demanderai de crier "Au secours, au secours".

PLANTIN. Ça déconcentre, mais si vous y tenez absolument.

BLANDAIMÉ. Oui, vous êtes gentil, c'est pour éviter la confusion, comme ça, quand j'entendrai "Au secours ! au secours !", je saurai qu'il ne faut pas que je vous envoie la bouée.

PLANTIN *(après un temps)*. Où vous en êtes ?

BLANDAIMÉ. Bah, je termine… J'espère cette fois que ça vous conviendra, je trouve que ce n'est pas mal tourné… mais vous savez comme nous en sommes à la cinquième version, je n'ose trop rien dire. Et vous ?

PLANTIN. Moi, je scrute.

BLANDAIMÉ. Oui, je m'en suis aperçu… c'est nouveau… je ne vous avais jamais vu scruter auparavant…

PLANTIN. C'est exact, je scrute depuis ce matin…

BLANDAIMÉ. Ah bien, et que scrutez-vous ?

PLANTIN. L'horizon.

BLANDAIMÉ. Dommage.

PLANTIN. Pardon ?

BLANDAIMÉ. Je dis dommage parce que c'est sans surprise.

PLANTIN. L'horizon ?

BLANDAIMÉ. Oui. On sait maintenant d'une façon très précise ce qu'il y a à l'horizon.

PLANTIN. Non ?!

BLANDAIMÉ. Je vous assure.

PLANTIN. Et qu'est-ce qu'il y a à l'horizon ?

BLANDAIMÉ. Le plus souvent rien et le reste du temps des pirates, une épave, un navire ennemi, une voile et quelquefois une terre, un point c'est tout.

PLANTIN. Rien d'autre ?!

BLANDAIMÉ. Ah, je vous l'affirme ! Je vous conseille d'ailleurs de vous reporter à l'excellent ouvrage de Brindutier et Colasson, *Contenu de l'horizon*, vous verrez qu'on n'a plus rien à attendre de ce côté-là, on a fait le tour de la question.

PLANTIN. Ah, tiens... mais alors... que me conseillez-vous de scruter ?

BLANDAIMÉ. L'infini.

PLANTIN. L'infini ?

BLANDAIMÉ. Sans hésiter, c'est plus grand, plus haut, il y en a partout, ce n'est pas juste un petit lacet qui coupe le ciel et la mer en deux, c'est une grande chaussure, l'infini, une immense godasse où il y a tout : du fromage, des peignes de dames, même Dieu... mais surtout l'espoir. Alors croyez-moi Plantin, laissez tomber l'horizon et foncez sur l'infini en essayant d'apercevoir un petit bout d'espoir... C'est la seule chose qui puisse nous sortir de là.

PLANTIN. Et ma bouteille !

BLANDAIMÉ. Et votre bouteille, bien sûr !

PLANTIN. J'ai l'impression que vous y croyez moins à ma bouteille, non ?

BLANDAIMÉ. Je comprends que les vents de mer vous abrutissent, Plantin, que chaque jour ils émoussent un peu plus votre grain d'intelligence, mais tout de même pas au point de dire que je ne crois plus en votre bouteille. *(Il se lève.)* Ça fait trois jours et trois nuits que je me couenne le fessier sur mon raphia à écrire le message que nous devons justement placer dans votre bouteille.

PLANTIN. J'espère qu'il sera moins cul que la dernière fois... sinon ma bouteille n'y comptez pas... Où en êtes-vous, Blandaimé ?

BLANDAIMÉ. Je fignole, je serre les derniers écrous, je mets les accents, j'ôte une virgule, je fixe un point.

PLANTIN. J'aimerais le lire...

BLANDAIMÉ. Une seconde Plantin, vous voulez bien, je termine... *(Plantin s'éloigne de Blandaimé.)* Qu'est-ce que vous faites ?

PLANTIN. Là ?

BLANDAIMÉ. Oui.

PLANTIN. Eh bien, comme d'habitude, je glisse, et puis je vais dans quelques instants tomber dans l'eau où je vais commencer à me noyer, mais vous allez m'envoyer la bouée et je vais remonter...

Blandaimé, excédé, se lève pour aller chercher la bouée.

BLANDAIMÉ. C'est exaspérant cette manie que vous avez au moindre clapotis-clapotas de vous foutre à la baille.

PLANTIN. Ça n'est pas une manie...

Il tombe dans l'eau.

BLANDAIMÉ. Si, c'est une manie ! J'avais une tante comme ça, dès qu'elle voyait des cerises, il fallait qu'elle en fasse des confitures, puis ce furent les prunes, les pommes, les châtaignes, à la fin de sa vie, elle a mis ses trois chats dans des bocaux. Chez nous, on appelle ça une manie.

Il lui lance la bouée.

PLANTIN. Oui, mais moi ce n'est pas une manie.

BLANDAIMÉ. A part les chats, les cerises et ma tante, ça y ressemble foutrement, Plantin...

PLANTIN. Je vous dis que ce n'est pas une manie !

Il remonte sur le radeau et enlève la bouée qu'il rend à Blandaimé.

BLANDAIMÉ. Alors c'est quoi, cette frénésie de déquiller dans la flotte vingt fois par jour ?

PLANTIN *(explosant)*. C'est que j'ai la mauvaise place, Blandaimé. La mauvaise place de ce radeau !

Vous m'avez mis sur le côté pourri, celui qui craque, le côté qui est toujours au nord, qui s'enfonce, qui prend l'eau, le côté pauvre, le côté abandonné, la zone, le bidonville de ce radeau dont je suis la méduse et vous le méduseur.

BLANDAIMÉ *(montant le ton).* Je m'excuse ! Je m'excuse ! Je m'excuse ! Plantin, déconnez tant que vous voudrez, mais n'écourtez pas votre mémoire à ce point ! Je vous rappelle Plantin, que la nuit où le *Neptune* explosa, me projetant par miracle, moi et un morceau de cabine, à une centaine de mètres de l'endroit où il sombrait corps et biens avec ses six cents passagers, je vous rappelle que c'est à ce moment précis que, dans une brasse très approximative, vous vous êtes approché de mon radeau de fortune et ahanant vous m'avez demandé l'hospitalité… Je vous ai répondu très franchement : L'appartement est pris, il ne reste que le palier et je ne suis sûr ni de son confort, ni de sa stabilité. Vous m'avez beuglé : “Je m'en fous !” Alors je vous ai tendu la main en disant : “Bienvenue à bord…”

PLANTIN. … Madame la baronne… Katioucha…

BLANDAIMÉ. Comment ?

PLANTIN. Vous m'avez tendu la main et vous m'avez dit : “Bienvenue à bord madame la baronne… Katioucha…”

BLANDAIMÉ. Et alors ! Est-ce ma faute à moi si vous avez la même carrure, la même carnation, le même coefficient de flottaison mammaire que la baronne Katherine von Karpputzoff, ma voisine de coursive !... dont, c'est vrai, j'ai été follement épris dès le début de cette croisière... Mais Plantin dites-moi lequel de nous deux, tout compte fait, fut le plus à plaindre lorsque le jour se leva ? Vous, habitant, disons de la chambre de bonne du radeau, mais vivant ! ou moi, persuadé d'avoir sauvé d'une mort atroce la dame de mon cœur, la baronne Katioucha von Karpputzoff, qui s'avéra être, en séchant, le barman du salon des deuxième classe ! Qui est le plus à plaindre Plantin ? Le sauveteur amoureux berné ou le sauvé mal radeauté ? Qui ?

PLANTIN. Prenez ma place.

BLANDAIMÉ. Ingrat, sans compter que de dépit, j'aurais pu, vous découvrant ignoble caricature de ma Katia, vous rejeter à la mer...

PLANTIN. Non Blandaimé, ça non...

BLANDAIMÉ. Ah bon et pourquoi donc ? Vous supposez peut-être m'avoir séduit ?

PLANTIN. Non. Mais je fais contrepoids Blandaimé ! Je fais contrepoids, vous savez bien. S'il n'y a personne sur cette partie-ci du radeau : tout chavire... vous avec... vous le savez bien Blandaimé, sinon pourquoi vous fatigueriez-vous à m'envoyer la bouée une vingtaine de fois par jour pour m'éviter la noyade ? C'est qu'elle vous sauve aussi cette bouée.

BLANDAIMÉ. Ce n'est pas la seule raison…

PLANTIN. Je n'en vois pas d'autre, Blandaimé…

BLANDAIMÉ. … vous possédez une bouteille, Plantin…

PLANTIN. Exact ! Et vous un stylo.

BLANDAIMÉ. Que vous ne pouvez pas prendre sans me balancer à l'eau, c'est-à-dire sans vous saborder… car je suis aussi votre contrepoids, Plantin…

PLANTIN *(après un temps de réflexion)*. Disons qu'économiquement nous ne sommes pas dans la même situation, mais stratégiquement nous nous valons…

BLANDAIMÉ. C'est à peu près ça… Pensez-vous tomber à l'eau dans les cinq à dix minutes qui suivent ?

PLANTIN *(tend un doigt pour voir d'où vient le vent)*. Normalement non.

BLANDAIMÉ. Dans ce cas : tenez, c'est terminé. *(Il lui tend la feuille sur laquelle il écrivait. Plantin la lit.)* … Alors ?

PLANTIN. Je trouve ça littéraire.

BLANDAIMÉ. Vraiment ?

PLANTIN. Oui, ampoulé même par moments.

BLANDAIMÉ. Ampoulé ?!

PLANTIN. Moi je lirais cette lettre comme ça, à l'improviste, je n'y croirais pas.

BLANDAIMÉ. Personne ne vous demande de la lire à l'improviste.

PLANTIN. Mais enfin, celui qui va la trouver, si quelqu'un la trouve, ce sera forcément à l'improviste ! Eh bien, croyez-moi avec votre style tire-bouchonné on n'a aucune chance… Il n'y a aucun progrès sur la dernière… C'est toujours du caca parfumé…

BLANDAIMÉ. Bon alors, Plantin écoutez-moi : si vous ne pouvez plus me supporter je vous demande de me le dire tout de suite.

PLANTIN. Je n'ai pas dit ça…

BLANDAIMÉ. Ne jouez pas sur les mots, depuis deux jours, je sens que je vous agace, que je vous crispe, que je vous courrouce…

PLANTIN. Mais non ! Mais…

BLANDAIMÉ. Si. Vous refusez mon varech, vous ne vous retournez même plus quand j'urine, vous

vous mettez à faire des choses non concertées comme “scruter”, vous me chiez une colère de tonalité syndicaliste sur la surface corrigée concernant votre part de radeau et maintenant vous me dites que j’écris comme une vieille dinde ! Non Plantin, non ! Il est temps de percer l’abcès !

PLANTIN. Blandaimé, ça fait la cinquième fois que je vous donne mon avis sur ce texte et je puis vous assurer que je sais…

BLANDAIMÉ *(explosant).* Rien Plantin ! Vous ne savez rien ! Qui est Théodore de Bèze ? Vauquelin de La Fresnaye ? Archinard ? Le préfet du Cotentin ? Celui de la Gironde ? Qui est Souffretin de Breuille ? Où se trouvent l’Illyrie, l’Istrie, la Croatie, la Macédoine, le péritoine, Chichi Castenango, le quai Louis Blériot, celui des Orfèvres ? Qui a découvert le silicate de permanganèse ? Rien Plantin, vous ne savez même pas le nom de cet oiseau qui traverse le ciel en ce moment. *(Il lève la tête et le désigne du doigt.)* C’est un couvre-temps Plantin, un couvre-temps de la famille des cumulus, un oiseau qui se nourrit uniquement de farine et qui au printemps vient péter des nuages sur les océans… heureusement c’est une femelle… avec un mâle, nous aurions eu de l’orage. Rien, vous ne savez rien, vous êtes une glaire de mouche coincée entre le nul et le zéro et vous osez dire que j’écris tire-bouchonné !

PLANTIN. Attention Blandaimé, je supporte tout sauf vos grands chevaux…

BLANDAIMÉ. Je suis loin d'être sur mes grands chevaux Plantin, très loin.

PLANTIN. Alors tant que vous n'êtes pas en selle, relisez-vous Blandaimé !

BLANDAIMÉ. Qu'est-ce qu'il y a de tire-bouchonné là-dedans ! *(Il lit le message qu'il a écrit.)* "Toi qui viens de trouver cette bouteille, sans doute humide encore de la vague qui la porta sur la grève, sache que ceux qui t'écrivent sont les seuls rescapés du naufrage du *Neptune*, nous dérivons depuis des jours sur l'océan Indien en équilibre instable sur un frêle esquif fait de planches sommairement jointes ensemble. Aie l'obligeance de téléphoner au poste de secours le plus proche pour qu'il nous dépêche une brigade de nos courageux sauveteurs. En attendant de te voir, crois cher monsieur, à l'expression, etc." C'est clair, précis, on voit tout de suite à qui on a affaire !

PLANTIN. C'est bien pour cela qu'ils ne se dérangeront pas.

BLANDAIMÉ. Là, vous passez les bornes, Plantin ! Qu'est-ce que vous cherchez ? La lutte des classes ? L'affrontement social ?

PLANTIN. Je vous signale que ce message me concerne autant que vous, Blandaimé ! J'ai quand même mon mot à dire !

BLANDAIMÉ. Vous assassinez mes vingt phrases et vous n'avez qu'un mot à dire en échange ! Qu'un mot à proposer ! Mon Dieu ! Dans quelle époque vivons-nous… Allez-y, dites-le votre mot…

PLANTIN. Ecrivez : "SOS stop SOS stop. Dérivons est-ouest stop. Océan Indien stop. Suite naufrage *Neptune* stop. SOS stop SOS stop."

BLANDAIMÉ. Vous plaisantez ?

PLANTIN. Non.

BLANDAIMÉ. Mais enfin, si vous leur dites "stop" sans arrêt, comment voulez-vous qu'ils arrivent jusqu'à nous ?!!

PLANTIN. C'est le code radio habituel.

BLANDAIMÉ. Mais on n'envoie pas ce texte par radio, on l'envoie par bouteille.

PLANTIN. C'est forcément un marin qui va trouver ce message et ils sont habitués à la radio ces gens-là.

BLANDAIMÉ. Vous dites n'importe quoi ! Les marins sont beaucoup plus habitués à la bouteille qu'à la radio ! Regardez le naufrage du *Neptune* ! Si le marin-radio s'était servi aussi souvent de sa radio que de sa bouteille, nous n'en serions pas là !

PLANTIN. Peut-être… mais si c'était vous qui aviez dicté le message de perdition au marin du

Neptune, non seulement nous en serions au même point mais en plus j'aurais honte…

BLANDAIMÉ. Honte ?

PLANTIN. Que quelqu'un l'ait reçu.

BLANDAIMÉ. C'est mon éducation qui vous gêne, n'est-ce pas ? Vous ne supportez pas qu'on appelle au secours avec tact, raffinement, qu'on demande de l'aide avec courtoisie. Ça vous irrite, vous, c'est le rugissement de l'orque blessé qui fait frémir la banquise, c'est ça ou rien ?

PLANTIN. Ce n'est pas de l'aide que nous allons recevoir avec votre foutue lettre…

BLANDAIMÉ. Ah oui, et c'est quoi ?

PLANTIN. Oh diverses choses… les œuvres complètes de madame de Sévigné… une boîte de dragées… un caniche nain.

BLANDAIMÉ *(l'examine un instant).* J'en étais sûr, vous êtes marxiste.

PLANTIN. Quoi ?

BLANDAIMÉ. … Mais oui… ça y est… j'y suis, je vous revois… la hargne avec laquelle vous serviez les cocktails… ce regard gorgé de haine que vous portiez sur l'élégante assistance du pont numéro deux en secouant votre shaker… *(Se prenant la tête entre les mains.)* Je me souviens… je vous revois, votre façon de servir les petits fours avec un couteau entre les dents… vous aviez tout du rouge ! Tout ! Jusqu'à votre veste !

PLANTIN. Ma veste de barman !

BLANDAIMÉ *(éclatant de rire).* Votre veste de barman ! Avec vos deux épaulettes dorées ! Vous me prenez pour qui ? C'est l'uniforme des officiers du KGB.

PLANTIN. Du… ?

BLANDAIMÉ *(de plus en plus exalté).* Vous voyez, vous ne le saviez même pas, c'est une preuve supplémentaire que vous en faites partie, on ne dit jamais aux gens du KGB qu'ils sont du KGB, par sécurité… preuve irréfutable Plantin…

PLANTIN. Vous délirez Blandaimé, vous vomissez par le cerveau.

BLANDAIMÉ. Dites-moi tout… Plantin, le *Neptune*… le naufrage, c'est vous ?… c'était une bombe ?…

PLANTIN. Vos yeux gonflent ?

BLANDAIMÉ. Embrassez-moi !

PLANTIN. Quoi ?

BLANDAIMÉ. Avant de m'égorger… embrassez-moi.

PLANTIN. Je ne peux pas…

BLANDAIMÉ. Pourquoi ?

PLANTIN. Je fais contrepoids.

BLANDAIMÉ. … Donnez-moi la seule chose qui reste humaine chez un Soviétique : la tendresse slave !… Embrassez-moi !! Ah, Katia von Karp-putzoff, mon amour, pourquoi as-tu coulé toi aussi… comme toute l'aristocratie.

Il s'effondre en pleurant.

PLANTIN. Hitler, Adolf Hitler ! Vous me rappelez Adolf Hitler dans ses derniers instants dans son bunker.

BLANDAIMÉ *(se relevant et coinçant Plantin).* Comment le sauriez-vous si vous n'étiez pas un bolchevik ? Ce sont eux qui sont entrés les premiers !

PLANTIN. Vous êtes un fou Blandaimé, un fou !

BLANDAIMÉ. Je ne vous permets pas.

PLANTIN. Un fou… j'aurais pourtant dû m'en douter quand vous m'avez parlé de votre tante qui faisait des confitures avec des chats… vous avez ses gènes.

BLANDAIMÉ. Ah non, pas la famille ! Tout, mais pas la famille ! On s'était mis d'accord, Plantin…

PLANTIN. Oh pardon, je vous prie de m'excuser.

BLANDAIMÉ. Ce n'est rien, mais faites attention la prochaine fois.

Ils se serrent la main et retournent à leurs places.

BLANDAIMÉ. Coupons la poire en deux.

PLANTIN. C'est-à-dire ?

BLANDAIMÉ. Vous écrivez le début et moi la fin.

PLANTIN. Ce qui donne ?

BLANDAIMÉ. "Stop. Stop. Stop ! SOS stop ! Dérivons océan Indien, stop, suite naufrage *Neptune*, stop. Appelons nos courageux sauveteurs et recevez l'expression de nos sentiments de gratitude. Signé Plantin et Blandaimé, qui a écrit la deuxième partie du message."

PLANTIN. C'est grotesque !

BLANDAIMÉ. Mais qui êtes-vous, Plantin ? Même Staline a accepté Yalta.

PLANTIN. Il n'avait pas le cousin de Marcel Proust en face de lui.

BLANDAIMÉ. Pas la famille, Plantin ! Ça suffit ! On vient de le rappeler…

PLANTIN. Je suis navré, je ne savais pas que Proust était votre cousin…

BLANDAIMÉ *(les yeux baissés).* C'était celui de la mère de la baronne von Karpputzoff…

PLANTIN. Je suis désolé… Je vous jure que je ne savais pas.

BLANDAIMÉ. Ce n'est rien…

Ils se serrent la main. On entend un grondement d'orage.

PLANTIN. Le vent se lève, les couvre-temps mâles traversent le ciel, Blandaimé, vite, votre stylo, laissez-moi écrire !

BLANDAIMÉ. Ça jamais ! Je n'ai pas envie d'être repêché par les vôtres et finir au goulag ! Liberté ! Liberté chérie !

Le vent se lève de plus en plus, le radeau tangue.

PLANTIN. Vite Blandaimé, c'est notre dernière chance.

Le vent souffle.

BLANDAIMÉ. Quand il n'y a plus de chance, il y a encore de l'espoir, faites donner l'espoir !

Le vent souffle, le radeau tangue. Blandaimé est bousculé vers l'arrière du radeau.

PLANTIN. Que faites-vous Blandaimé ?

BLANDAIMÉ. Je glisse !

Il tombe à l'eau. Plantin s'approche avec difficulté de la bouée accrochée près du siège de Blandaimé, sa bouteille tombe à l'eau. Il jette la bouée à Blandaimé qui s'agrippe à elle. Plantin tire et le sort de l'eau.
L'orage redouble de violence, le ciel devient noir. Lorsque le calme revient et que le soleil apparaît à nouveau, nous découvrons sur le radeau Plantin, assis sur le fauteuil de Blandaimé, côté luxe du radeau, Blandaimé lui, assis sur les planches disjointes, côté avarié du radeau.

PLANTIN. Vous scrutez ?

BLANDAIMÉ. Oui, l'infini…

PLANTIN. Je vous le déconseille, on s'y perd.

BLANDAIMÉ. Vous n'allez tout de même pas me faire scruter l'horizon… !

PLANTIN. Si. Il y a moins de grandiose, mais à moi ça me suffit… Un bateau, une voile… Une terre, c'est pas grand-chose, mais ça me suffit… Si vous apercevez quelque chose n'hésitez pas à crier Blandaimé.

Il se blottit dans le fauteuil et s'endort.

BLANDAIMÉ *(sur la partie avariée du radeau, fixant l'horizon)*. Quand je pense que j'étais parti sur un fringant navire pour une croisière idyllique en compagnie de mon amour, la baronne von Karpputzoff et que je me retrouve en haillons, faisant le guet sur un radeau pourri gouverné par une brute matérialiste, qui de plus est le sosie de ma bien-aimée, *(il soupire)* mais finalement c'est peut-être ça la vie…

Le radeau s'éloigne dans l'océan Indien. Plantin dort et Blandaimé scrute.

RÉGIME DE LUXE

Régime de luxe a été créé par Roger Hanin et Jacques François pour la série *Palace* – Canal +/Antenne 2 (1988).

Salle à manger d'un restaurant de luxe, un homme seul, un tantinet anxieux, attend assis devant une table. Soudain, la porte à deux battants des cuisines s'écarte pour laisser passer une élégante table roulante que pousse un maître d'hôtel, très digne. Il s'approche du monsieur seul et place près de lui la table roulante, sur laquelle trônent trois dômes recouvrant trois plats.

LE MAÎTRE D'HÔTEL. Bonjour monsieur Swinch.

MONSIEUR SWINCH *(impatient)*. Bonjour Félix

LE MAÎTRE D'HÔTEL. Le chef a préparé, pour commencer, une caille farcie aux airelles sur un coulis de morilles.

MONSIEUR SWINCH *(se délectant à l'avance)*. J'adore ça.

LE MAÎTRE D'HÔTEL *(soulevant un des dômes)*. La voici monsieur !

MONSIEUR SWINCH *(salivant)*. Elle a l'air succulente...

LE MAÎTRE D'HÔTEL. Elle l'est monsieur. *(Il recouvre la caille.)* Prêt monsieur.

MONSIEUR SWINCH *(anxieux)*. Prêt.

Le maître d'hôtel, avec une agilité étonnante, interchange à toute vitesse les trois couvercles en argent comme le font les joueurs de bonneteau. Il s'arrête soudain.

LE MAÎTRE D'HÔTEL. Où se trouve la caille monsieur Swinch ?

MONSIEUR SWINCH *(après avoir hésité)*. Là !

Le maître d'hôtel soulève le couvercle en argent, désigné par monsieur Swinch. L'assiette est vide.

LE MAÎTRE D'HÔTEL. Perdu. Elle est là, monsieur.

Il soulève le dôme d'à côté, la caille apparaît sur une assiette.

MONSIEUR SWINCH. J'aurais pourtant juré...

LE MAÎTRE D'HÔTEL. Vous l'avez échappé belle monsieur, elle était très grosse. Vous voulez la carte des desserts, monsieur ?

MONSIEUR SWINCH. Je vais la tenter.

Le maître d'hôtel sort un paquet de cartes, il les bat et les présente à Swinch. Ce dernier en tire une au hasard et la regarde aussitôt.

LE MAÎTRE D'HÔTEL. Je vous écoute monsieur.

MONSIEUR SWINCH. Le six de carreau.

LE MAÎTRE D'HÔTEL *(tirant une carte à son tour)*. Désolé, j'ai la dame de cœur... *(Il range les cartes dans sa poche.)* Je vous fais votre café au 421 ?

MONSIEUR SWINCH *(dépité)*. Oh ce n'est pas la peine, je ne tire rien aujourd'hui.

LE MAÎTRE D'HÔTEL. Parfait. *(Prenant son carnet.)* Alors, pas de caille : moins mille deux cents calories. Pas de dessert : moins huit cents calories, et pas de café : moins deux cents calories. Ça vous fait : moins deux mille deux cents calories. Félicitations monsieur Swinch... Vous avez perdu à peu près un kilo trois cents.

MONSIEUR SWINCH. Le dîner de ce soir ?

LE MAÎTRE D'HÔTEL. Soufflé grand veneur, turbot vénitien et une délicieuse tarte aux cerises. Je vous ferai le tout à la passe anglaise.

MONSIEUR SWINCH. A la passe anglaise ! J'y joue comme un pied. Le dîner on ne peut pas le faire au poker ?

LE MAÎTRE D'HÔTEL. Vous m'avez sorti deux carrés d'agneau hier soir, c'est beaucoup.

MONSIEUR SWINCH *(se touchant le ventre).* C'est vrai, je me suis refait…

LE MAÎTRE D'HÔTEL. Et je ne parle pas du goûter d'hier que monsieur a voulu jouer au bridge… *(Désignant son cou.)* Résultat : monsieur a pris trois plis.

MONSIEUR SWINCH *(honteux).* Je m'en veux…

LE MAÎTRE D'HÔTEL. Que monsieur ne se désole pas, il a quand même droit ce soir à son yaourt bilboquet. *(Il lui montre un yaourt relié à un bâtonnet par une ficelle.)*

MONSIEUR SWINCH. Hier c'est surtout mon veston qui a mangé le yaourt…

LE MAÎTRE D'HÔTEL. Maladroit parce que trop gros monsieur Swinch !

MONSIEUR SWINCH. Vous avez raison.

LE MAÎTRE D'HÔTEL. A ce soir, monsieur Swinch.

Il s'éloigne. Le client sort discrètement un sandwich de sa manche. Au moment où il va le croquer le maître d'hôtel se retourne.

LE MAÎTRE D'HÔTEL. Vu monsieur Swinch ! Inutile d'essayer de tricher au jambon-beurre avec moi !

Il lui arrache le jambon-beurre et lève la main sur lui.

MONSIEUR SWINCH. Allez-y, je mérite une tarte !

CHANGE

Change a été créé par Claude Piéplu et Marc Dudicourt pour la série *Palace* – Canal +/Antenne 2 (1988).

Un homme s'approche du guichet d'un bureau de change.

L'HOMME. C'est ici le change ?

L'EMPLOYÉ. Parfaitement monsieur. Que puis-je pour vous ?

L'HOMME. Je voudrais changer d'opinion.

L'EMPLOYÉ. Bien sûr monsieur. Vous voulez changer d'opinion sur le monde en général, sur les femmes, le nucléaire, l'intégrisme dans l'islam ?

L'HOMME. Non, sur mon beau-frère !

L'EMPLOYÉ. Sans problème, monsieur.

L'HOMME. Voilà, je le trouve formidable !

L'EMPLOYÉ. Ah !

L'HOMME. Mais vraiment formidable ! Il est grand, blond, drôle, il parle le kurde, le coréen, l'afghan.

C'est un as du canoë-kayak. Bref, il m'épate, et ça finit par... m'étouffer un peu.

L'EMPLOYÉ. Vous me parlez bien de votre beau-frère Henri. Celui qui se teint ?

L'HOMME. Ah bon ? Henri se teint ?

L'EMPLOYÉ. Oui... Remarquez, c'est normal. C'est ce que font la plupart des gens à leur sortie de prison. Ils veulent avoir une nouvelle tête...

L'HOMME. Ah ! parce qu'il a fait de la prison... ?!

L'EMPLOYÉ. Douze ans ! Détournement de fonds, trafic de drogue, coups et blessures sur un vieillard et flagrant délit d'exhibitionnisme devant la maternelle du lycée Condorcet...

L'HOMME. Non ! Ce n'est pas possible ?!!

L'EMPLOYÉ. Votre femme ne vous en a jamais parlé ?

L'HOMME. Mais non. Geneviève est au courant ?

L'EMPLOYÉ. Je suppose. Ça fait six ans qu'ils couchent ensemble...

L'HOMME. Oh ! le salaud !

L'EMPLOYÉ. Je dirais plutôt "l'ordure"...

L'HOMME. Oui, mais enfin ça ne l'empêche pas de subjuguer tout le monde au canoë-kayak...

L'EMPLOYÉ *(s'approche de l'homme et lui glisse à l'oreille).* Ce n'est pas lui qui rame…

L'HOMME. Quoi ?!!!

L'EMPLOYÉ. C'est un nain caché au fond du bateau qui pédale… un nain dopé !

L'HOMME. Oh ! le porc ! Le porc !

L'EMPLOYÉ. … Hé oui !

L'HOMME. Je vous remercie de m'avoir ouvert si vite les yeux sur mon beau-frère.

L'EMPLOYÉ. C'est mon métier.

L'HOMME. Vous êtes formidable.

L'EMPLOYÉ. Mais non, monsieur, mais non !

L'HOMME. Si, si, vous m'avez épaté. Vraiment, je vous trouve formidable… vous êtes grand, élancé, intelligent… et je suis sûr que vous faites très bien de la planche à voile. Quand je vois des hommes comme vous, je me sens peu de chose… Ça m'étouffe.

L'homme s'en va aussi dépité qu'il était arrivé.

L'EMPLOYÉ. J'aurais peut-être dû lui dire que je me biture tous les soirs après le turbin…

RÉCLAMATION

(sur une proposition de Jean-Marie Gourio)

Réclamation a été créé par Pierre Arditi et Philippe Khorsand pour la série *Palace* – Canal +/Antenne 2 (1988).

Un restaurant chic. Seul à une table, un client énervé appelle le directeur, celui-ci s'approche de sa table, très courtois.

LE DIRECTEUR. Monsieur, un problème ?

L'HOMME. Regardez ce que je viens de trouver dans mon potage.

Il montre une boule d'acier, pleine de vermicelles.

LE DIRECTEUR *(ahuri).* Mais c'est... c'est une boule de pétanque !

LE CLIENT. Je ne vous le fais pas dire !

LE DIRECTEUR. Dans votre potage !!!

LE CLIENT. C'est insensé, non ? Je ne veux pas faire d'esclandre mais enfin reconnaissez tout de même qu'une boule de pétanque dans un minestrone à l'oseille, c'est un peu beaucoup.

LE DIRECTEUR. Elle est petite remarquez… Mais enfin, c'est vrai, c'est tout à fait inadmissible…

Il remue la louche dans la soupière.

LE CLIENT. Qu'est-ce que vous faites ?

LE DIRECTEUR. Je regarde s'il y a le cochonnet… parce qu'une boule de pétanque c'est vrai que ce n'est pas très agréable dans son assiette, mais enfin ce n'est pas dangereux. On la voit…

LE CLIENT. Ça !

LE DIRECTEUR. Tandis que le cochonnet, c'est perfide. Il suffit qu'il se soit niché entre deux champignons. On ne le remarque pas et hop, c'est l'étranglement assuré… Non il n'y est pas. Tant mieux !

Il pose la louche.

LE CLIENT. Bon Dieu !

LE DIRECTEUR. Quoi !

LE CLIENT. Si je l'avais avalé !

LE DIRECTEUR. Le cochonnet !

LE CLIENT *(blême)*. Oui.

LE DIRECTEUR. Ça m'étonnerait beaucoup.

LE CLIENT. Pourquoi ?

LE DIRECTEUR. Parce que si vous aviez un cochonnet dans l'estomac, vous ne seriez pas là à gesticuler, à clamer "Appelez-moi le directeur", "C'est un scandale", et patati et patata pour une malheureuse boule de pétanque dans votre velouté d'oseille... Non, vous n'en auriez pas la force... Vous seriez faible.

LE CLIENT. Ah... ?

LE DIRECTEUR. Holà ! Oui. Ça épuise un cochonnet. On est groggy. Vous auriez mangé votre potage avec la boule de pétanque sans même vous en apercevoir.

LE CLIENT. Ah bon, vous me rassurez...

LE DIRECTEUR. C'est pour ça, je trouve toute cette histoire un peu exagérée... C'est vrai, pas l'ombre d'un cochonnet dans la soupière. Vous êtes en pleine forme et la boule de pétanque, mon Dieu, elle ne vous a pas mordu...

LE CLIENT. C'est exact...

LE DIRECTEUR. Vous savez, quand on voit certaines images à la télévision... faire toute une histoire pour ça... *(Il montre la boule.)* Par moments, je me dis que certains clients perdent un peu le sens de la réalité...

LE CLIENT. Je... je vous demande de m'excuser... Je me suis laissé emporter...

LE DIRECTEUR. Vraiment, c'est une réaction d'enfant gâté…

LE CLIENT. Je suis navré. Ma mère m'a toujours passé tous mes caprices et je me crois tout permis… je suis infernal… J'ai honte…

LE DIRECTEUR *(appelant un garçon).* Bien Raymond, voulez-vous changer le potage de monsieur…

LE CLIENT. Non !

LE DIRECTEUR. Alors, qu'est-ce qui ferait plaisir à monsieur ?

LE CLIENT. Remettez-la-moi…

LE DIRECTEUR. La boule ?

LE CLIENT. Oui… s'il vous plaît !

Le directeur lève les yeux au ciel, soupire et met la boule dans l'assiette de potage du client.

Merci… et pardon…

LE DIRECTEUR. C'est oublié, monsieur…

Il s'incline. Le client se remet à manger son potage en écartant un peu la boule avec sa cuillère.
Le directeur s'éloigne en soupirant.

LE DIRECTEUR. Quel métier !

PANARIS

Panaris a été créé par Jacqueline Maillan et Claude Piéplu pour la série *Palace* – Canal +/Antenne 2 (1988).

Luciane et Hugues-Jean de Souplemont dînent face à face, dans la salle à manger austère du manoir familial. Pas un mot, seul le bruit des fourchettes et celui des mandibules. Soudain, Luciane parle.

LUCIANE. Hugues-Jean…

HUGUES-JEAN. Oui, ma chère…

LUCIANE. Hugues-Jean, quand vous dites que ce pauvre Constant a un panaris mal placé, j'ai du mal à comprendre.

HUGUES-JEAN. Qu'y a-t-il à comprendre Luciane ? Il a un panaris mal placé. Un point c'est tout.

Un temps.

LUCIANE. Mais comment peut-on avoir un panaris mal placé, Hugues-Jean ?

HUGUES-JEAN. Je l'ignore, Luciane, probablement comme on peut avoir une oreille mal placée ou une narine mal placée.

LUCIANE. Non.

HUGUES-JEAN *(légèrement agacé).* Bon ! Alors comme une voiture mal placée ! Ça vous va ?

LUCIANE. Hugues-Jean, je comprends parfaitement qu'une voiture puisse être mal placée, par exemple, devant une porte cochère, mais un panaris, c'est impossible...

HUGUES-JEAN. Ah bon !! C'est nouveau ça ?

LUCIANE. Mais non, c'est très vieux. Ça date de l'apparition du panaris.

HUGUES-JEAN. Vous voulez me faire avaler que le panaris est né bien placé ?!!!

LUCIANE. D'une certaine façon, oui...

HUGUES-JEAN *(explosant).* Ça c'est la meilleure !

LUCIANE. Hugues-Jean, je vous en prie, contrôlez-vous !

HUGUES-JEAN. Luciane, vous me jetez, tout de go, entre l'asperge et la poire, une histoire de panaris à dormir debout et vous voudriez que je reste morne ? C'est mal me connaître !

LUCIANE *(s'énervant).* Hugues-Jean, le panaris est-il, oui ou non, toujours placé sur le doigt, près de l'ongle ? Oui ou non ?

HUGUES-JEAN. Ça m'est égal.

LUCIANE. Par moments, je me demande si je rêve ! Mon propre époux refuse de sauter l'obstacle de l'évidence !... Et où voulez-vous qu'il soit le panaris ? Où ? Sur le mollet ? Dans les cheveux ? Sous la langue ?

HUGUES-JEAN. Luciane, si vous continuez à m'emmerder avec votre panaris, je vous préviens, je vous plante là et je vais prendre une cuite avec Viredieu-Mondricourt !...

LUCIANE. ... Qui vous racontera, pour la millième fois, comment il a perdu un testicule en Indochine... Ça, vous ne vous en lassez pas !

HUGUES-JEAN. Non, parce que ce testicule, lui, était mal placé et c'est quand même plus humain que votre panaris qui ne l'est soi-disant jamais !

LUCIANE. Ah, tiens ! Le testicule du capitaine Viredieu-Mondricourt était mal placé ? C'est nouveau ça... ?

HUGUES-JEAN. Non, Luciane ! Ce n'est pas nouveau, ça date de la naissance de Viredieu-Mondricourt.

LUCIANE. Et je peux savoir où était ce fameux testicule mal placé ?

HUGUES-JEAN *(pointant son index)*. Là !

LUCIANE *(intriguée, regarde dans la direction de l'index)*. Où là ?

HUGUES-JEAN. Là, au bout de l'index.

LUCIANE. Vous plaisantez ?

HUGUES-JEAN. Non, Luciane. Un homme ne plaisante jamais avec ces choses-là... Il paraît qu'il était magnifique. Quand il saluait ses hommes *(il fait le geste)* la vue de la virilité de leur chef cognant sur son képi leur donnait force et courage... Ils se croyaient invincibles...

LUCIANE. C'était un panaris.

HUGUES-JEAN *(terriblement offusqué)*. Ah, non ! Là, je ne vous permets pas !

LUCIANE. Au bout du doigt, ce n'était pas un testicule. C'était un panaris !

HUGUES-JEAN. Luciane, vous insultez l'armée française !

LUCIANE. Ah non, Hugues-Jean ! Non, ça vous ne me le ferez pas gober ! Mon feu père était général, je vous le rappelle !

HUGUES-JEAN. Je m'en souviens parfaitement Luciane, vous semblez oublier que je vous ai aimée parce que vous aviez son menton.

LUCIANE. Eh bien, je vous le dis tout net Hugues-Jean, mon père aurait ri, je dis bien "ri", et vous savez combien il avait du mal à rire avec ce sabre qui lui avait traversé la mâchoire, mais je suis persuadée qu'il aurait ri si l'un de ses officiers avait prétendu avoir une couille au bout du doigt.

HUGUES-JEAN *(se levant de table)*. J'ai trop d'estime pour votre père Luciane, vous comprendrez, j'en suis sûr, que je ne puis pas continuer à me nourrir pendant que l'on salit sa mémoire.

LUCIANE. Vous battez en retraite Hugues-Jean ! Comme toujours, dès que vous sentez la bataille perdue…

HUGUES-JEAN. Je vous souhaite un agréable dessert ma chère amie…

Il s'éloigne.

LUCIANE. J'ai honte de vous avoir épousé, honte ! Vous êtes un lâche, Hugues-Jean… un lâche !

Il sort.

LUCIANE *(s'effondre en larmes)*. C'est de ma faute… les hommes ont horreur qu'on leur tienne tête avec cette histoire de panaris… je le sais, ils me quittent tous pour la même raison… mais je ne peux pas m'en empêcher… j'adore parler des panaris… je n'y peux rien…

Elle hoquette et plonge la tête dans son assiette.

III

TRILOGUES

LES CENT PAS

Les cent pas a été créé en 1978 par Micheline Presle, Jean-Michel Ribes et Hervé Palud pour le Petit Théâtre d'Antenne 2.

Georges et Marie-Gisèle Gantémouflon dorment paisiblement dans le grand lit grassement édredonné de leur chambre à coucher. La nuit est très avancée. Rien ne bouge dans la pièce, ni l'armoire Louis quelque chose qui bouge d'autant moins qu'elle est fausse, ni le fauteuil et les chaises du même Louis que l'armoire, ni même les milliers de papillons qui essayent de remuer leurs ailes en déployant une énergie tout à fait imbécile, puisqu'ils sont tous peints sur le papier collé au mur. Donc tout dort.
Soudain le silence qui entoure le sommeil des époux est brisé par un bruit de pas inquiétant qui semble venir de derrière la porte de la chambre (qui n'est autre que la porte d'entrée puisqu'elle sépare ladite chambre du palier). Marie-Gisèle Gantémouflon se réveille en sursaut.

MARIE-GISÈLE *(retenant sa respiration, très inquiète).* Georges !

GEORGES *(dans un demi-sommeil).* Hein…

MARIE-GISÈLE. Georges, tu as entendu ?

GEORGES *(dans un tiers de sommeil)*. Qu'est-ce qu'il y a ?

MARIE-GISÈLE. Tu n'as pas entendu ?

GEORGES *(dans une miette de sommeil)*. Quelle heure est-il ?

MARIE-GISÈLE. Ne me dis pas que tu n'as pas entendu ?

GEORGES. Si, j'ai entendu que pour la cinquième fois, tu me demandes si j'ai entendu.

MARIE-GISÈLE. Georges, j'ai entendu des pas… des pas, là, derrière la porte.

GEORGES. Des pas ? Quels pas ?

MARIE-GISÈLE. Des pas qui couinent, puis qui crissent, puis qui recouinent.

GEORGES. Qui recouinent ?

MARIE-GISÈLE. Oui, comme s'ils se reprochaient d'avoir crissé… et puis…

GEORGES. Et puis ?

MARIE-GISÈLE. Et puis après ils ont hésité entre crisser et couiner.

GEORGES. Tiens donc ! Et qu'est-ce qu'ils ont fait ?

MARIE-GISÈLE. Ils ont crouiné.

GEORGES. Et c'est pour ça que tu me réveilles à trois heures et demie du matin, pour des pas qui crouinent !

MARIE-GISÈLE (*apeurée, se protégeant derrière les draps*). Georges, crois-moi, un pas qui crouine, c'est un pas qui a quelque chose derrière la tête.

GEORGES (*complètement sorti du sommeil et un tantinet excédé, se redresse sur ses avant-bras*). Marie-Gisèle ! Les Gantémouflon fabriquent des escarpins, mocassins, bottes et souliers à semelles double piqûre depuis que la poulaine n'est plus à la mode, c'est-à-dire depuis Louis X le Hutin, bien ; on m'appelle tous les jours pour résoudre les problèmes de pointure des grands de ce monde, je suis capable de reconnaître à cent mètres, les yeux bandés et par mauvais temps, une chaussure qui plisse, qui coince, qui craque ou qui bâille, une pantoufle qui souffle ou une espadrille qui braille, alors ce n'est quand même pas à moi, Georges Gantémouflon, que tu vas apprendre si un pas a quelque chose derrière la tête ou non.

Il éteint, replonge dans le sommeil et dans son oreiller. A peine s'est-il rendormi que l'on entend à nouveau des pas qui rôdent derrière la porte. Marie-Gisèle sursaute, elle allume. Les pas s'arrêtent.

MARIE-GISÈLE. Georges, ça recommence ! Cette fois ça craquepouite... C'est très mauvais signe...

GEORGES. Marie-Gisèle, est-ce que tu veux ma ruine ?

MARIE-GISÈLE. Mais enfin Georges, tu es sourd ou quoi ? Ça sent le patibulaire à plein nez… Fais quelque chose.

GEORGES. Réponds-moi ! C'est ma faillite que tu veux ! Tu sais pourtant à quoi tient la réussite de la chaussure Gantémouflon ! A mon sommeil ! Si je ne dors pas, je chausse mal et si je chausse mal, je n'en dors pas la nuit et en un mois c'est la crise, le krach.

MARIE-GISÈLE. Et qu'est-ce que tu préfères, la crise, le krach ou la vie ?

GEORGES. Puisque je te dis, il n'y a personne derrière cette porte !

MARIE-GISÈLE. Alors qu'est-ce qui craquepouite depuis dix minutes ?!

GEORGES. Je ne sais pas moi, un chat, un rat, le chauffage.

MARIE-GISÈLE. Non Georges, le chat miaule, le rat gratte et le chauffage goutte.

GEORGES. Bon, alors c'est peut-être notre voisin, M. Sifondubar !

MARIE-GISÈLE. Tu sais bien que M. Sifondubar est beaucoup trop bien élevé pour craquepouiter… surtout à cette heure-là !

GEORGES. C'est dans ta tête Marie-Gisèle ! DANS TA TÊTE !

MARIE-GISÈLE. Et dans la tienne, qu'est-ce qu'il y a ? Rien ! Tu ne vois rien, tu n'entends rien, tu ne lis rien, même pas les journaux ! Si tu lisais au moins les journaux, au lieu de vivre dans les pieds des autres, tu saurais que depuis trois mois il y a dans cette ville, à partir de minuit, un cambriolage criminel toutes les deux heures !

GEORGES *(regardant son réveil)*. Bon, bah on a encore vingt minutes.

Il se recouche.

MARIE-GISÈLE *(se levant)*. Non, là c'est trop.

GEORGES. Qu'est-ce que tu fais ?

MARIE-GISÈLE. Je me lève.

GEORGES. Pourquoi ?

MARIE-GISÈLE. Comment pourquoi ? Cela fait dix minutes qu'un sadique double chromosomé, assoiffé de sang, rôde devant notre porte et la seule chose que tu trouves à me dire c'est que ta famille a connu Louis X le Hutin. Et tu voudrais que je partage une seconde de plus ta couche ? Non !

GEORGES. Marie-Gisèle !

MARIE-GISÈLE. Il n'y a plus de Marie-Gisèle, Georges ! Les taies me tombent des yeux.

GEORGES. Les quoi ?

MARIE-GISÈLE *(se dirigeant vers l'armoire qu'elle ouvre)*. Les taies ! Je vois clair tout à coup, tu m'apparais enfin tel que tu es ! Après dix ans de mariage tyrannique, je découvre ton vrai visage : une bouillote de lâcheté tiède ! Et il aura fallu qu'il y ait menace en la demeure !

GEORGES. Péril.

MARIE-GISÈLE. Quoi ?

GEORGES. Péril en la demeure.

MARIE-GISÈLE. Non. Menace ! C'est fini l'étouffement Georges, à partir d'aujourd'hui, je suis libre, je respire, ma langue est à moi et je dis : "menace en la demeure !" et si tu n'es pas content, c'est du semblable au même…

Elle commence à faire sa valise

GEORGES. Qu'est-ce que tu cherches exactement ? A me ruiner, à me réduire à la famine, à ce que je mange des miettes de topinambour sur des tapis usés ?

MARIE-GISÈLE *(tout en remplissant sa valise des affaires qu'elle sort de l'armoire)*. Quand je pense que j'ai perdu mes dix plus belles années à tes côtés, à côté d'un vendeur de tatanes car tu n'es qu'un vendeur de tatanes, un soldeur de pompes qui au premier assassin venu lui largue sa propre femme ! Moi, une Moisson-Fleurie-Pintade ! Parce que ma famille aussi figure-toi, elle a connu Louis X Le Hutin, seulement, nous, les Moisson-Fleurie-Pintade on ne leur vendait pas des grolles aux rois, on les éduquait ! C'est un Moisson-Fleurie-Pintade qui apprit à lire à Pépin le Bref quand il était petit ! Alors c'est pour te dire !

GEORGES. Ça c'est la meilleure ! Comment tu l'as appelé le soldeur de tatanes quand tu l'as rencontré pour la première fois au bal ? Hein ? Comment tu m'as appelé quand je t'ai offert une pantoufle de vair ? Dis-le ! "Mon Prince Charmant" tu m'as appelé, alors maintenant ne la ramène pas avec Pépin le Bref parce qu'il ne m'arrive même pas à la cheville Pépin le Bref !

MARIE-GISÈLE. Quoi ! Tu oses insulter un ami de mes parents qui était la générosité même, alors que pour me conquérir tu n'as été capable de m'offrir qu'une pantoufle, même pas la paire ! Et en plus, elle ne m'allait pas !

GEORGES. Une pantoufle Gantémouflon, que j'avais faite de mes propres mains, elle ne t'allait pas !

MARIE-GISÈLE. Non, d'ailleurs rien de ce que tu m'as fait ne m'a jamais été ! J'aurais dû écouter ma mère et épouser un des nôtres, un preux !

GEORGES. Tu sais ce qu'ils faisaient avec les mégères de ton cru, les preux, Pépin et les autres, ils les balançaient du haut de leur donjon et de joie, ils se peignaient une croix blanche sur le gonfanon. Est-ce que je t'ai une seule fois balancée du haut d'un donjon ? Réponds !

MARIE-GISÈLE. J'aurais adoré ça !

GEORGES. Tu aurais adoré ça !

MARIE-GISÈLE. Oui j'aurais adoré que tu me donnes une seule fois la seule chose que je désirais vraiment : la poésie ! Galoper sur les plages accrochée à ta selle, manger à pleines dents de la viande crue, crier ton nom sur les dunes, rouler notre désir dans la vague océane, saisir l'aube et le vent en scrutant du donjon, enfin vivre quoi !

GEORGES. Et tous les étés au Touquet-Plage, tu les as oubliés ! Tous nos après-midi en pédalo où je te chantais à perte de voix : "Qu'il est beau le soleil, qu'il est beau, qu'il est beau, qu'il est vermeil, il dore notre peau, qu'il est beau", tu les oublies ces moments de joie intense !

MARIE-GISÈLE. Non Georges !

GEORGES. Ah quand même !

MARIE-GISÈLE. Toi en short et maillot de corps sous un parasol, ça ne s'oublie pas ! Ça vous marque à vie comme un cauchemar qui vous hante à jamais la rétine !

On entend à nouveau les pas qui font craquer de façon lugubre le plancher derrière la porte. Marie-Gisèle et Georges se figent. Les pas s'arrêtent.

MARIE-GISÈLE. Alors on fanfaronne moins maintenant ! Eh bien qu'est-ce que tu attends ?

GEORGES. Comment, qu'est-ce que j'attends ?!

MARIE-GISÈLE. Pour aller voir, pour sortir, pour te battre.

GEORGES. Pourquoi veux-tu que j'aille me battre avec le concierge que tu as réveillé avec tes cris d'autruche !

MARIE-GISÈLE. Le concierge ! J'en étais sûre ! Tu nies l'évidence, même la tête sur le billard...

GEORGES. Sur le billot.

MARIE-GISÈLE. Non... sur le billard. On n'est plus au Moyen Age.

GEORGES. Il faudrait savoir.

MARIE-GISÈLE. N'importe quoi ! Pour surtout ne pas quitter tes petits souliers... La vérité c'est que tu es un couard, la lâcheté te boursoufle l'épiderme, tu n'as plus rien d'humain.

GEORGES. Plus rien d'humain, moi qui ai créé deux magasins "orteils fragiles et pieds sensibles" !

MARIE-GISÈLE. "Orteils fragiles" ! C'est bien ce que je disais, un dégénéré, un monstre, une erreur de la nature...

GEORGES *(la traînant vers le miroir)*. Regarde-toi dans la glace et dis-moi qui, à part une erreur de la nature, aurait pu t'épouser.

MARIE-GISÈLE *(jetant à terre le miroir)*. Voilà ce que j'en fais de ta glace !

GEORGES *(bondissant sur le lit pour atteindre la bibliothèque qu'il vide intégralement)*. L'annuaire, où est l'annuaire ?

MARIE-GISÈLE. C'est ça, vas-y, appelle un docteur pour me faire enfermer, lâche !

GEORGES. Un docteur ?!! Prétentieuse ! J'appelle un vétérinaire.

MARIE-GISÈLE. Maman, pardon maman, tu m'avais pourtant prévenue, pardon maman.

Elle lui jette sa valise au visage.

GEORGES *(ouvrant sa valise et jetant à la volée les affaires de Marie-Gisèle)*. Tu m'as détruit, mais je ne te laisserai pas massacrer l'appartement que j'ai payé de mes mains qui ont inventé la chaussure Gantémouflon.

MARIE-GISÈLE *(hagarde, assise par terre)*. Georges, même la plus petite des fourmis jaillit hors de la fourmilière lorsque sa femelle est en danger... Crois-moi un homme qui n'est même pas une fourmi pour sa femme, c'est lamentable.

On entend à nouveau les pas grincer, cette fois ils sont étrangement plus présents, plus dangereux. Marie-Gisèle se retourne fixant la porte, Georges s'immobilise sur le lit et le dernier livre lui tombe des mains. Ses yeux s'agrandissent, il a manifestement peur.

MARIE-GISÈLE. Voilà c'est fini.

GEORGES. Non... Bon... Pour te faire plaisir, mais vraiment pour te faire plaisir, je vais appeler la police...

MARIE-GISÈLE *(se relevant)*. Ah ! sûrement pas ! C'est trop facile, au moindre assassin, hop, on appelle la police ! Et puis je suis encore ta femme non, tu ne supporterais pas que des policiers me voient dans cet état !

Elle arrache le téléphone et le brise par terre.

GEORGES *(au comble de la rage)*. Tu sais Marie-Gisèle, il y a quelqu'un que j'envie, c'est le tueur qui va entrer ici et t'étrangler, je ne sais pas ce que je donnerais pour être à sa place.

MARIE-GISÈLE. Un assassin, si au moins tu étais un assassin ! Rien qu'un petit tueur, j'éprouverais enfin un frisson avec toi...

GEORGES *(se dirigeant vers la table de nuit)*. Là, tu as été trop loin, la coupe est pleine.

Il ouvre un tiroir et en sort un couteau, puis se dirige vers Marie-Gisèle.

MARIE-GISÈLE. Regarde ma peau… elle ne frissonne pas, elle rigole !

On entend deux pas, puis des coups sourds à la porte. Georges se pétrifie, il lâche son couteau. Marie-Gisèle terrorisée court dans les bras de Georges, tous deux regardent la porte, la poignée remue deux fois.

MARIE-GISÈLE. Georges, je te demande pardon.

GEORGES. Non c'est moi.

MARIE-GISÈLE. Tu m'aimes ?

GEORGES. Oui mon cœur, sans toi je ne suis rien.

MARIE-GISÈLE. Tu es ma fourmi, tu sais.

GEORGES. Je suis vraiment ta fourmi ?

MARIE-GISÈLE. Mais oui mon chéri.

GEORGES. Merci.

MARIE-GISÈLE. Georges, j'ai peur.

GEORGES. Je suis là, ma vie.

La poignée tourne encore deux fois, puis après deux coups sourds la porte tourne violemment sur ses gonds. Georges et Marie-Gisèle poussent un cri.

L'homme a une casquette et un costume bleu-gris où sont brodées les lettres SRC.

L'HOMME. Messieurs dames : “Service de réanimation des couples”. *(Il sort un petit carnet et inscrit quelque chose.)* Ça fait trois cents francs. Si vous voulez bien signer là.

GEORGES. Trois cents francs ?!

L'HOMME. Oui monsieur, c'est le tarif de nuit.

MARIE-GISÈLE. Mais nous sommes abonnés.

L'HOMME. Je sais bien ma petite dame… mais après deux heures du matin, c'est pour tout le monde pareil… vous savez c'est pas moi qui fais les prix.

GEORGES. Bien sûr. *(Il va chercher son chéquier.)* Vous voulez boire quelque chose ?

L'HOMME. C'est pas de refus. La soirée a été dure. Je viens de faire un docteur qui ne parlait plus à sa femme depuis dix ans. J'ai cru que j'y arriverais jamais. *(Marie-Gisèle lui tend un verre de vin.)* Merci… Ça s'est débloqué d'un seul coup… une belle scène… Il a fini par l'assommer d'un direct du gauche… C'est déjà pas si mal… ils ont repris contact, ça peut très bien repartir entre eux quand elle se réveillera. Pour vous, comme ça se passait bien, et ça fait toujours plaisir quand ça accroche, je vous ai fait cent vingt-cinq pas au lieu de cent et je ne vous compte pas le supplément.

MARIE-GISÈLE. C'est très gentil.

Georges signe la facture.

L'HOMME. Laissez donc, allez... Messieurs dames, tous mes vœux et à la prochaine !

Il sort.

MARIE-GISÈLE. Il est très bien.

GEORGES. On a vraiment bien fait de s'abonner à cette maison.

MARIE-GISÈLE. Oui, leur personnel est qualifié, sérieux, et, en plus, il présente bien.

GEORGES. On va se coucher mon amour.

MARIE-GISÈLE. Oui, mon amour.

Les yeux dans les yeux, Georges et Marie-Gisèle Gantémouflon plongent dans le lit.

PERSONNE ME REGARDE DANS LA RUE

Personne me regarde dans la rue a été créé en 1983 par Marie-Anne Chazel, Philippe Khorsand et Roland Blanche pour le Petit Théâtre d'Antenne 2.

Un petit salon-salle à manger bourgeois. Un confort replet règne avec ordre et propreté.
A droite, une cheminée modeste fait face à un canapé et un fauteuil couverts de housses. Sur le mur de gauche s'appuie un buffet ; à côté, une porte mène à la cuisine ; enfin à l'extrémité face de ce même mur, un décrochement qui forme un petit vestibule où se trouve la porte d'entrée. Devant le buffet, une table, entourée de quatre chaises, sur laquelle s'étalent les reliefs d'un dîner juste fini. Une grande fenêtre recouverte par des doubles rideaux épais occupe une vaste partie de la paroi du fond qui donne sur la rue. Un gros vase chinois trône sur un guéridon ; deux, trois tableaux inodores pendent aux murs ; enfin quelques appliques et un lampadaire baignent l'endroit dans une lumière chaude. C'est le soir.
Lionel Brodin, quarante ans, est assis sur le canapé, il regarde la télévision. Lunettes discrètes, il est vêtu d'un pantalon gris, d'un pull-over en laine et d'une chemise blanche dont le col ouvert retient une cravate légèrement desserrée. Il boit par petites

lampées un café contenu dans une tasse qu'il porte avec précaution à ses lèvres. Nadine, sa femme, le même âge, une petite robe à fleurs sur laquelle est noué un tablier, finit de débarrasser la table. Elle fait des allers et retours dans la cuisine, les bras chargés d'assiettes, tout en écoutant de loin la télévision dont on ne voit pas l'image.

TÉLÉVISION VOIX D'HOMME *(off)*. Le 12 janvier 1992…

VOIX DU PRÉSENTATEUR. Eh bien c'est exact monsieur Cazenave, le jour le plus froid de ces dix dernières années a bien été le 12 janvier 1992.

Applaudissements du public.

NADINE. Il est très calé celui-là… Tu le savais, toi… ?

LIONEL. Non… pas du tout…

VOIX OFF DU PRÉSENTATEUR. Monsieur Cazenave, vous accédez donc au double quizbizz qui, je vous le rappelle, ne vous donne plus droit au rattrapage…

LIONEL. Ce n'est pas trop fort ?

NADINE. Tu me parles ?

LIONEL. Oui, à ton avis, le son n'est pas trop fort ?

NADINE. Non ça va très bien…

VOIX OFF DU PRÉSENTATEUR. Alors voici la question... Ecoutez bien monsieur Cazenave...

A ce moment un coup de sonnette retentit. Lionel lève les yeux au ciel.

NADINE *(depuis la cuisine).* Tu y vas Lionel, ce doit être la concierge qui remonte le linge.

Lionel se lève, baisse le son de la télévision (qui restera présent en sous-texte jusqu'à ce qu'il l'éteigne : éclats de voix, applaudissements, musique ponctuant les bonnes réponses, etc.) puis se dirige d'un pas traînant vers la porte d'entrée qu'il ouvre. Apparaît, ruisselant de sueur, un soldat type commando marine, en tenue de combat, casque, treillis, poignard, visage couvert de boue. Il tient sous le bras une mitrailleuse avec son trépied, de son épaule pendent trois bandes de chargeurs.

LE SOLDAT *(essoufflé).* Brodin, Lionel Brodin ?

LIONEL *(stupéfait).* Oui.

LE SOLDAT. Capitaine Franchet, troisième corps, section sécurité appartements deux à trois pièces... *(Il ferme la porte derrière lui avec le pied.)* Ils ont commencé ?

LIONEL *(ahuri).* Commencé ?

LE CAPITAINE. A attaquer ?... Les gars des renseignements ont dit qu'ils commenceraient à vous tirer dessus entre vingt-deux heures et vingt-deux heures trente... Remarquez, j'avance un peu... Pas d'explosions ? Pas de coups sourds contre les murs ? Vous n'avez pas eu l'impression que la pièce s'est mise à trembler ?…

LIONEL *(complètement dépassé).* Non.

LE CAPITAINE. C'est bon, je suis à l'heure ! *(Il souffle et pose sa mitrailleuse contre le mur.)* Je ne sais pas pourquoi, j'étais persuadé que j'arriverais une fois la fête commencée… et ça j'aime pas, on a toujours beaucoup plus de mal à s'en sortir quand ils ont deux, trois obus d'avance. Permettez… *(Il écarte Lionel du bras et bondit par-dessus le canapé. Il roule à terre et rampe jusqu'au mur du fond qu'il longe sur le ventre, tenant une sorte de boîtier devant lui, qu'il ne quitte pas des yeux. Lionel ahuri le regarde sans rien dire. Nadine sort de la cuisine et s'immobilise à la porte. Le capitaine est en train de passer sous un meuble. Elle jette un œil inquiet à son mari. Le capitaine se relève.)* Ça va, pas de mines, c'est toujours ça… C'est la nouvelle mode actuellement les mines, deux fois sur trois ils en ont posé une la veille à l'extérieur et le lendemain à l'heure H boum ! Ça vous fait un champignon au phosphore, plus besoin d'aller chez le coiffeur. *(Il rit de son mot et aperçoit Nadine.)* Madame…

LIONEL. Heu… ma femme…

LE CAPITAINE. Mes respects, madame… Ah, si ça ne vous ennuie pas, on va éteindre ça. *(Il coupe la télévision.)* Le moins de bruit possible, sécurité, sécurité… Un jour, j'ai failli me faire dégommer chez des gens à cause d'une radio qui marchait, une toute petite, pas plus grande que ça…

NADINE. Je peux savoir ce qui se passe ?

LIONEL. Je n'ai pas encore très bien saisi… mais je pense que ce monsieur s'est sans doute trompé d'étage…

LE CAPITAINE. Oh là non ! Tranquillisez-vous, les gars des renseignements ne font jamais d'erreurs, jamais… *(Il sort une fiche d'une des poches de sa vareuse, il la lit.)* Brodin Lionel et Nadine, 2 rue Etienne-Paulet, sixième gauche, c'est bien ça…

NADINE. Oui, c'est exact.

LE CAPITAINE. Attaque prévue le 11 octobre entre vingt-deux heures et vingt-deux heures trente… Vous voyez, j'invente rien…

LIONEL. C'est une plaisanterie ?

LE CAPITAINE. Oh non pas à cette heure-là ! Ça fait déjà un moment que je devrais être rentré chez moi… *(Il sort un talkie-walkie.)* Seulement tous les samedis soirs, c'est la même chose, on dépasse. *(Il porte le talkie-walkie près de son visage.)* "Canard bleu appelle Grand-maman, répondez. Ici Canard bleu, objectif 133838 atteint avant début feu d'artifice… Vous appellerai si besoin appui blindés ou aviation. Terminé." *(Il ferme son talkie-walkie et se dirige vers sa mitrailleuse qu'il prend à bras-le-corps.)* Pardon madame, vous n'auriez pas un petit meuble ou deux tabourets pour poser ça…

NADINE *(désignant la table de la salle à manger).* Je n'ai que cette table… C'est peut-être un peu haut ?

LE CAPITAINE. Non ça ira très bien. *(Il porte sa mitrailleuse jusqu'à la table mais au moment de la poser, il sort un morceau de tissu de camouflage qu'il glisse sur la table.)* J'aime autant pas tacher. *(Il pose sa mitrailleuse sur la table, la fixe et se laisse choir sur une chaise en essuyant la sueur sous son casque avec sa manche puis il jette un coup d'œil panoramique à la pièce.)* C'est sympathique chez vous… très, c'est propre, bien rangé, ça fait plaisir. Non, parce que il y a des fois, on arrive dans des appartements où il y a un foutoir, c'est simple, on dirait que la bombe a déjà explosé. *(Il rit.)* Ici, c'est bien, vraiment… ça fait plaisir.

LIONEL. Pardonnez-moi de vous interrompre mais puis-je vous demander qui va nous attaquer ?

LE CAPITAINE. J'aimerais bien vous le dire, mais nous on l'ignore toujours, les gars des renseignements nous donnent l'heure et l'adresse de l'attentat mais le nom des types qui le commettent, jamais. Remarquez, on n'en a pas vraiment besoin.

LIONEL. Un attentat ! Tu as entendu Nadine ?

LE CAPITAINE. Oui ça, on peut pas se tromper, il n'y a que l'attentat qui soit impair...

LIONEL. Impair ?

LE CAPITAINE *(sortant son bon de commande).* Oui, vous voyez hold-up c'est B 128, kidnapping B 116, détournement d'avion B 104, guerre B 132... et attentat B 113... c'est facile à s'en souvenir c'est le seul qui soit impair. .

LIONEL *(réfléchit un instant, puis parle).* Vous savez ce que c'est qu'une bourde ?...

LE CAPITAINE. Une bourde ? Attendez... je le savais mais j'ai oublié.

LIONEL. Eh bien, c'est ce que vous êtes en train de faire...

LE CAPITAINE. C'est-à-dire ?

LIONEL. C'est-à-dire une erreur en plus gros, une sorte de gourance au carré, si vous voyez ce que je veux dire... Un attentat chez moi ?!!... c'est grotesque, simplement grotesque...

LE CAPITAINE. Oui je sais, je sais, ils disent tous ça, quand on arrive...

LIONEL. Et de plus vous êtes le type même de l'officier buté...

NADINE *(préparant le café).* Enfin Lionel, cesse d'être désagréable avec ce monsieur.

LE CAPITAINE. Laissez, c'est normal, quand ce genre de chose vous tombe dessus, ça secoue toujours un peu, j'ai l'habitude…

NADINE. On a un militaire c'est encore une chance, les Humblot quand ils ont eu leur bombe ils étaient tout seuls… tu as vu le résultat !

LIONEL. Ça n'a rien à voir Nadine, les Humblot ont du sang esquimau, ce n'est un secret pour personne et de plus, ils habitent hors de la zone protégée…

NADINE. Oui c'est vrai… j'avais oublié… et madame Humblot a même, je crois, une sœur qui s'est convertie à… je ne sais plus à quoi mais enfin qui s'est convertie !

LIONEL. Alors !!! Comment peux-tu comparer…

NADINE. Pardonne-moi chéri… mais enfin, ce n'est pas une raison pour être discourtois avec ce monsieur qui jusqu'ici a été très aimable avec nous… Vous voulez une tasse de café ?

LE CAPITAINE. Attendez *(il regarde sa montre),* oui ça va, on a cinq minutes… ce n'est pas de refus parce que vos six étages à pied, ils sont coriaces…

NADINE. Vous n'allez pas me croire, l'ascenseur est en panne depuis quinze jours, eh bien, impossible de mettre la main sur un réparateur… c'est fou non ?

LE CAPITAINE. Ça ne m'étonne pas… *(Elle lui sert le café.)* Merci… les réparateurs d'ascenseurs c'est comme les bons westerns…

NADINE. Ah ?

LE CAPITAINE. Il y en a de moins en moins.

Il rit de son mot.

NADINE. Exact… Tu en veux Lionel ?

LIONEL. Une goutte…

LE CAPITAINE *(dégustant)*. Hum, il est bon.. très bon…

NADINE. Merci capitaine…

LIONEL. Vous savez, je ne cherche en rien à vous contrarier, mais il faut que vous sachiez une chose importante… nous n'avons pas d'ennemis… aucun…

NADINE *(tendant la cafetière au capitaine)*. Encore un peu ? C'est une recette de la mère de Lionel…

LE CAPITAINE. Je ne voudrais pas abuser…

NADINE. Je vous en prie… c'est avec plaisir pour une fois que nous avons de la visite… *(Elle regarde les épaulettes du capitaine.)* Trois galons, c'est capitaine ?

LE CAPITAINE. Capitaine oui, et la petite grenade en dessous signifie sécurité-explosif… et le ruban bleu : huitième secteur… C'est-à-dire le quartier Saint-André…

NADINE *(émerveillée)*. C'est très astucieux… tu ne trouves pas Lionel ?

LIONEL. Taputin, ça ne vous dit rien ?

LE CAPITAINE. Taputin… non pourquoi ?

LIONEL. Parce que ce sont les gens du neuvième… et ça ne m'étonnerait pas qu'en réalité ce soit chez eux qu'on ait besoin de vous… *(Il s'approche du capitaine et lui souffle tout bas.)* Ce sont eux qui ont cassé l'ascenseur, si ça se sait, voyez ce que je veux dire, ils n'y coupent pas, "boum", forcément… On saute pour moins que ça de nos jours… un ascenseur cassé c'est grave, ça gêne tout un immeuble, y a de quoi rendre les gens furieux…

Un coup de feu claque. Une balle siffle. Le gros pot chinois se brise en mille morceaux. Personne ne sursaute, tout le monde continue à remuer sa petite cuillère dans sa tasse à café.

LE CAPITAINE. Qu'est-ce que vous mettez sur vos fenêtres… ?

Nadine écarte le rideau. Apparaissent une série de planches entravant la fenêtre et clouées de part et d'autre du chambranle. Elles sont par endroits percées comme une passoire.

NADINE. Du chêne.

LE CAPITAINE. Du chêne ? Le chêne c'est bien pour le bruit dehors, ça étouffe les détonations, mais dès que vous avez un projectile gros calibre évidemment ça traverse...

NADINE. Oui mais alors ici, où nous avons deux à trois cents balles perdues comme celles-ci chaque nuit, avec les rideaux en acier qu'ils vendent maintenant, quel boucan... on en a essayé un, il y a deux ans, tu te souviens, chéri...

LIONEL. Ça, je dois dire un enfer, toute la nuit, tac ! tac ! tac ! tac ! Impossible de fermer l'œil.

LE CAPITAINE. Je sais bien, c'est le gros inconvénient de l'acier, ça résonne...

NADINE. Tous les matins, des cernes jusque-là... non merci, vive le bois !

LE CAPITAINE *(regarde sa montre)*. Bon, il va falloir y aller... ça va pas tarder... je vais vous demander de vous allonger par terre en vous collant bien la face contre le sol...

Il se dirige vers sa mitrailleuse qu'il règle vers la fenêtre. Pris d'une soudaine panique, Lionel se précipite vers lui.

LIONEL. Attendez… je vous assure que ce n'est pas ici… ce n'est pas possible… on vous a mal renseigné… ça peut arriver qu'on vous ait mal renseigné… ça arrive partout…

LE CAPITAINE. Pas chez nous.

LIONEL *(attrapant sa femme par le bras et la plaçant devant le capitaine)*. Regardez ma femme, regardez-la….

LE CAPITAINE. Je la regarde.

LIONEL. Elle est banale, on ne peut pas faire plus transparente, plus inodore, non ? *(Il la pousse et se place devant le capitaine.)* Et moi ? Regardez… aucun intérêt, *(il se tourne devant lui)* ni grand, ni gros, ni petit, ni blond, ni brun… moyen…

LE CAPITAINE. Les pieds peut-être…

LIONEL. Quoi, les pieds ?!

LE CAPITAINE. Larges…

LIONEL *(se déchaussant)*. Larges ? Vous plaisantez… *(Il lui montre l'intérieur de sa chaussure.)* Sept et demi, la largeur de tout le monde.

LE CAPITAINE *(regardant à l'intérieur de la chaussure)*. Ah c'est vrai… c'est drôle, j'aurais cru que vous faisiez du huit trois quarts ou du huit…

LIONEL. Eh bien, vous vous êtes trompé… vous voyez, je suis sûr que vous êtes un spécialiste de la bourde…

LE CAPITAINE. Non, non, ne vous inquiétez pas, je ne vous ai pas dérangés pour rien, on va vous attaquer…

LIONEL *(de plus en plus nerveux)*. Pourquoi nous ? *(Il se place devant le capitaine en tenant sa femme par le bras.)* Personne ne nous remarque, personne ne nous regarde dans la rue… J'ai le même poste au bureau depuis 1985, vous entendez, 1985 ! Juste derrière un gros pilier. Je ne bouge pas, même mon chef de section il ne se souvient plus comment je m'appelle, il dit : "Allez voir le type là-bas, derrière la colonne." Hein Nadine ?

NADINE. Oui… Personne ne nous téléphone, personne ne nous écrit…

LIONEL. Pas d'église, pas de croyance… aucune… jamais de politique, hein Nadine… dis-lui..

NADINE. On veut même pas savoir quel gouvernement on a en ce moment… nous, tout nous va…

LIONEL. Tout… Je ne fais jamais briller mes chaussures, je ne réussis jamais un mots croisés dans un lieu public… Je ne hèle jamais un taxi… Je ne fais jamais toutes ces choses qui risquent de faire des envieux… dis-le, Nadine..

NADINE. Oui, même à la télé, on ne regarde que les jeux pour pas que les voisins croient qu'on est différents d'eux et que ça les agace…

LIONEL. Vous le voyez vous-même… ma femme et moi nous n'avons pas la plus petite ambition ! Ordinaires, parfaitement ordinaires, voilà ce que nous sommes. Ça fait quinze ans qu'on fait très attention à n'avoir aucune valeur… et franchement, je crois qu'on y est arrivés… Ça a été un gros travail mais maintenant, au point où on en est, on est sûrs d'avoir la paix… Je puis vous assurer qu'il n'existe pas un type sur terre qui dépenserait une cartouche pour nous. Alors une grenade ou un obus, n'en parlons même pas ! Vous comprenez maintenant pourquoi vous n'avez rien à faire ici ?

LE CAPITAINE. Vous entendez les détonations là-bas ?

LIONEL. Oui je sais, c'est le restaurant *Les Arcades* qui saute… mais nous on n'y a jamais mis les pieds dans cet endroit, hein Nadine…

NADINE. Jamais…

LE CAPITAINE. Ça fait huit jours que ça dure… On a une douzaine de gars à l'intérieur qui essayent de sortir de là le patron et deux serveurs…

LIONEL. Chacun a ses problèmes…

LE CAPITAINE. Justement, le patron, c'est un type comme vous, pas d'ennemis, pas l'ombre d'un cheveu d'ennemis qu'il avait, il était prêt à payer la tournée pendant un mois tous les soirs à celui qui entendrait quelqu'un dire du mal de lui... et pourtant, lundi dernier, son beau boui-boui il a volé en éclats et depuis on le mitraille nuit et jour !

LIONEL. C'est peut-être une erreur lui aussi...

LE CAPITAINE. Oui, c'est ce qu'il n'arrêtait pas de beugler à nos gars jusqu'à hier, où il s'est aperçu que les types qui l'ont plastiqué et qui lui tirent dessus, ce sont ses deux fils... dix-neuf et vingt et un ans... ses propres fils qui veulent le buter et qui vont peut-être y arriver... Il en croyait pas ses mirettes le papa... une guerre œdipienne ça s'appelle... Croyez-moi la guerre, un attentat et tous ces trucs-là, ça n'éclate pas comme ça gratuitement, y a toujours une raison... cherchez bien...

LIONEL. Pourquoi croyez-vous que nous ne voulons pas d'enfants... vous pensez bien qu'on y a songé à ce genre de risque... vous perdez votre temps capitaine... mais après tout, c'est le vôtre...

NADINE. Il faut dire aussi que cette nouvelle loi qui autorise les jeunes à posséder un tank à partir de dix-huit ans, ça n'arrange pas les choses.

Deux grosses explosions retentissent tout à coup, la lumière s'éteint puis se rallume, tout vibre.

LE CAPITAINE *(hurle).* Les voilà ! *(Lionel se précipite derrière le canapé, Nadine est déséquilibrée et tombe près de la cheminée. Le capitaine roule à terre et attrape son talkie-walkie.)* "Canard bleu à Grand-maman, ça y est, c'est parti… ils nous ont fait ça à la roquette… je riposte… terminé."

Il saisit sa mitrailleuse et commence à tirer quelques rafales à travers la fenêtre.

NADINE *(collée à la cheminée).* Lionel…

LIONEL *(derrière le canapé).* Oui.

NADINE. Si c'était monsieur Robinot.

LIONEL. L'épicier ?..

NADINE. Oui… je t'en ai pas parlé mais… je ne l'ai pas payé depuis dix jours…

LIONEL. Tu es folle ! Pourquoi tu as fait ça !

NADINE. Ça fait cinq ou six fois que ses kilos de tomates pèsent à peine sept cents grammes… J'ai voulu marquer le coup.

LIONEL. Alors c'est lui… bien sûr, c'est lui. *(Il met ses mains en porte-voix vers le capitaine.)* Hé, ho… hé !

LE CAPITAINE. Oui je vous écoute.

LIONEL. Arrêtez… c'est rien du tout… ça y est… ça va s'arranger… je vais téléphoner… c'est un malentendu, c'est l'épicier… on lui doit un peu d'argent…

LE CAPITAINE. Non ce n'est pas lui.

LIONEL. Qu'est-ce que vous dites ?!!

LE CAPITAINE. Les commerçants n'ont l'autorisation de tirer pour se faire régler leurs factures impayées que le lundi.

LIONEL. Et alors ?

LE CAPITAINE. Et alors, on est samedi…

Deux obus explosent tout près de la fenêtre. Deux ou trois cadres dégringolent du mur, le lampadaire tombe à terre… Lionel roule contre le mur où se trouve la fenêtre… Nadine est plaquée sur le sol.

LIONEL *(dans un mélange de terreur et de fureur, hurle).* Ce n'est pas ici !!… Y a rien ici, vous vous gourrez !

LE CAPITAINE *(déplaçant sa mitrailleuse dans la pièce).* Couchez-vous dans l'angle, vite !… *(Une rafale d'arme automatique claque, le capitaine tombe à terre, il est touché au bras.)* Merde…

Il a tout de même la force de répliquer et il tire… De la fumée dans la pièce… Puis une accalmie succède à cette soudaine attaque. Le capitaine s'abrite derrière le canapé en se tenant le bras.

NADINE. Vous êtes blessé ?

LE CAPITAINE. Une égratignure, vous tracassez pas…

Il grimace, sort sa gourde et boit. Nadine rampe et le rejoint.

NADINE. Mais c'est la moindre des choses, montrez… Oh mais ça saigne beaucoup…

LE CAPITAINE. Ce n'est rien.

NADINE. Laissez vous faire… N'oubliez pas que vous êtes mon invité… depuis le temps que je n'ai pas eu d'invité… avant toutes ces histoires, vous savez, j'adorais recevoir…

LE CAPITAINE. Je vous assure, ne vous dérangez pas pour moi.

NADINE. De toute façon, il faut que j'aille me changer.

Elle se lève.

LE CAPITAINE. Surtout ne bougez pas madame, ils tirent sur tout ce qui bouge.

NADINE. Vous voulez rire, je ne vais tout de même pas rester dans cette tenue… après sur les photos, j'aurai l'air de quoi ? Madame Humblot, quand elle a eu sa bombe, elle était en négligé… eh bien, le lendemain dans les journaux, on aurait dit un vieux héron. Elle en a fait une dépression… Merci bien… je reviens…

Elle rampe vers la cuisine. On entend quelques balles siffler dehors. Le capitaine serre les dents, il a mal mais il ne le montre pas. Haletant, le visage en sueur, Lionel le rejoint à quatre pattes derrière le canapé. Une sorte de joie brille dans ses yeux

LIONEL. Ça y est… j'ai trouvé… j'ai tout compris, c'est son cousin… le cousin de ma femme… il s'appelle Mercyer, mais Mercyer avec un *i* grec… Vous voyez ce que je veux dire… mais moi j'ai toujours pensé qu'il n'y avait pas que le *i* qui était grec chez lui… et qu'un jour, on aurait des emmerdements avec ça… Elle l'invitait deux fois par an à dîner… *(Entre deux halètements, il esquisse un sourire de triomphe.)* Vous voyez que c'était pas moi qu'ils cherchaient… J'avais raison… Je vais aller leur dire… *(Il rampe jusqu'au pan de mur qui jouxte la fenêtre, il se met debout contre le rideau, remue un mouchoir blanc et, le dos plaqué contre le mur, crie de toutes ses forces.)* Il n'est pas là… Jacques Mercyer n'est pas là !… Vous pourrez le trouver… 26 avenue Mitalor… au rez-de-chaussée, à droite…

Un tir d'arme automatique qui percute la porte de la cuisine répond à son appel…

LE CAPITAINE. Ça n'a pas l'air d'être lui qui les intéresse…

Lionel se laisse glisser contre le mur en murmurant d'une voix tremblante.

LIONEL. C'est... pas moi... personne peut me détester, personne... c'est impossible, c'est une erreur...

Nadine sort de la cuisine. Elle porte une robe du soir un peu "cheap", les talons hauts et deux ou trois bijoux fantaisie. Du bout des doigts, elle tient une bouteille de vinaigre et un vanity-case chargé de produits de maquillage. Elle court vers le capitaine.

NADINE. Comment vous la trouvez ?

LE CAPITAINE. Très belle.

NADINE *(tout émue).* Ça fait deux ans que je l'ai achetée au cas où on aurait un pépin... Bien sûr Lionel n'en savait rien... *(Presque joyeuse.)* Eh bien, ça y est, on l'a le pépin. C'est la première fois que je la mets... c'est drôle cet attentat, c'est comme si...

LE CAPITAINE. C'est comme si ?

NADINE. Comme si j'avais la permission de sortir... d'aller à l'opéra... Dites, il y a toujours des photos après, quand c'est fini...

LE CAPITAINE. Non c'est pas régulier... Faut les comprendre, ils ne peuvent tout de même pas envoyer un photographe sur chaque attentat...

NADINE *(croisant les doigts et fermant les yeux).* Avec un peu de chance, peut-être qu'on en aura un… *(Elle lui tend la bouteille en plastique.)* Tenez, versez-vous ça, c'est le vinaigre, ça désinfecte bien.

LE CAPITAINE *(prenant la bouteille).* Merci.

NADINE. Je vous laisse faire, parce que j'aime autant pas me salir…

Elle se pomponne en chantant.

LE CAPITAINE. Ça va aller. *(On entend siffler un obus qui explose tout près. Les lumières sous le choc clignotent. Deux meubles tombent. Le capitaine se précipite sur son talkie-walkie.)* "Canard bleu appelle Grand-maman, Canard bleu… C'est toi Franck… Ils sont plus nombreux que prévu et ils cognent dur… il faudrait que tu m'envoies un zinc sinon je crois que je n'y arriverai pas… ça commence à sentir mauvais… OK, je compte sur toi. Terminé."

LIONEL *(qui a tout entendu, éclate en sanglots et se met à gémir).* Je veux qu'on m'évacue… vous entendez… évacuez-moi…

LE CAPITAINE. C'est pas mon boulot…

LIONEL *(en larmes).* C'est le boulot de qui ?

LE CAPITAINE. De vos amis, si vous en avez…

LIONEL. Nadine, est-ce qu'on a des amis ?…

NADINE *(se maquillant).* Non mon chéri... tu sais bien... trop dangereux... tu disais...

LIONEL *(dans un sursaut).* Si ! Les gens du neuvième ! Ils ont cassé l'ascenseur... Y a que moi qui le sais et j'ai jamais rien dit... Ils pourront pas refuser de me prendre chez eux. *(Tandis que deux grenades explosent, il fonce vers le téléphone, décroche et compose rapidement un numéro. Lionel essaie de parler avec naturel.)* Allo... François Taputin, c'est monsieur Brodin du sixième... oui c'est chez moi... Oh rien de grave, c'est une bévue... On m'a confondu avec quelqu'un *(il rit)*, ça arrive... dites, le temps que ça finisse... je peux monter chez vous... oui... à pied... non, je disais, je monterai à pied puisque vous avez cassé l'ascenseur... *(On entend un déclic, l'interlocuteur a raccroché.)* Allo... Allo ? *(Las, comme sans forces, il ne raccroche même pas, il regarde Nadine qui soigne le capitaine en le soutenant par les épaules. Hagard, Lionel se met à parler avec une voix monocorde presque douce.)* C'est parce que je ne couche plus avec toi depuis deux ans que tu as manigancé tout ça Nadine ?... T'avais trop envie d'un homme... Alors tu t'es débrouillée pour faire venir un soldat...

NADINE *(se coiffant).* Lionel... arrête de me faire marcher...

LIONEL. T'as toujours regardé les soldats dans la rue, surtout ceux qui sont habillés comme lui...

NADINE. Mon petit chat... tu dis des bêtises...

LIONEL. Je t'ai jamais vue aussi belle, pas vrai capitaine qu'elle est belle !

LE CAPITAINE. Déconnez pas Brodin... c'est vraiment pas le moment...

LIONEL. Tu sais pourquoi je te touche plus, Nadine ? C'est parce qu'il y a deux ans, en mai, un matin au bureau, il y a un type du service des circulaires qui m'a dit : "Dis donc toi, t'as pas l'air de t'ennuyer la nuit !" Il a ri et il a dit : "Veinard, veinard !..." J'ai eu peur que ça se sache et que ça nous retombe sur le dos... C'est pour nous deux que j'ai décidé ça... mais ça t'a trop manqué, alors t'as organisé ce truc-là...

NADINE. Mais Lionel, mon biquet... t'inventes, t'inventes, mon petit troubadour... *(Elle lâche le capitaine.)* T'es fatigué, c'est ça... Regarde ta cravate comme elle rebique et comme t'es coiffé... Je vais t'arranger ça, mon petit biquet... Je veux que tu sois beau comme tout, ce soir... pour une fois qu'on sort... parce qu'on va voir du monde, tu sais, on va voir beaucoup de monde à l'opéra. On va parler, on va danser, on va se montrer.. se montrer... se montrer...

Une déflagration plus violente que les autres éclate soudain. Toutes les lumières s'éteignent. Noir. Dans l'obscurité tir d'artillerie. Bombes.

Puis, plus rien, le silence. Peu à peu, la lumière revient. La pièce est dévastée. Les murs sont défoncés, le plafond est effondré, la paroi donnant sur la rue est percée de grands trous à travers lesquels on aperçoit les lumières de la ville avec, de-ci de-là, des éclats de lumières (bombes ?) et quelques incendies. Une sorte de fumée blanche retombe lentement sur les gravats qui jonchent le sol. Lionel est toujours à la même place assis par terre, couvert de plâtre, Nadine est étendue immobile devant lui. Le capitaine, proche de ce qui reste de la fenêtre, regarde dehors tout en parlant dans son talkie-walkie.

LE CAPITAINE. "OK ils ont décroché… Félicitez les gars des zincs, beau boulot… OK… attentat chez monsieur et madame Brodin, 2 rue Etienne-Paulet, sixème gauche, terminé. Ennemi éliminé, dégâts : deux pièces détruites, une endommagée, pas d'otages, perte : une tuée. Je rentre. Terminé."

LIONEL. Elle est morte ?

LE CAPITAINE. Oui, on va venir la chercher d'ici une heure. *(Il sort un carnet à souches de sa vareuse et un stylo qu'il tend à Lionel.)* Si vous voulez bien signer… là, où il y a des croix. *(Lionel signe mécaniquement.)* Merci. *(Il saisit sa mitrailleuse avec son bras valide.)* Ouf, la journée a été longue… Je sais pas si vous vous rendez compte, j'y suis depuis ce matin, moi… sans compter que j'ai fait trois déplacements en banlieue…

Faudrait qu'ils se décident à nous donner des gars en plus… On a vraiment trop de boulot le samedi… Voilà. Au revoir, monsieur…

Il sort.
Lionel reste seul, sa femme morte à côté de lui, il a le regard flou. Il murmure :

LIONEL. C'est une erreur. Ma femme est banale, moi aussi, j'ai le même poste au bureau depuis 1985… personne me regarde dans la rue…

On entend siffler quelques balles perdues, une claque contre la télévision qui se met en marche. La voix du présentateur se met à claironner : "C'est exact, c'est tout à fait exact… formidable, monsieur Cazenave, vous avez gagné le boulilou, le deuxième jeu peut donc commencer…"

Tandis que le noir se fait.

TABLE

BABEL

Extrait du catalogue

150. MARLEN HAUSHOFER
Nous avons tué Stella

151. JACQUES POULIN
Le Vieux Chagrin

152. JULES RENARD
Journal (1887-1910)

153. JEAN MARTET
Les Cousins de Vaison

154. ROGER BASTIDE
Images du Nordeste mystique en noir et blanc

155. HERMANN HESSE
La Leçon interrompue

156. DENIS DIDEROT
Les Bijoux indiscrets

157. ALEXANDRE PAPADIAMANTIS
Les Petites Filles et la Mort

158. VASSILI PESKOV
Ermites dans la taïga

159. JEAN-CLAUDE GRUMBERG
Les Courtes

160. PIERRE MERTENS
Collision

161. FÉDOR DOSTOÏEVSKI
Notes d'hiver sur impressions d'été

162. INTERNATIONALE DE L'IMAGINAIRE N° 4
La Musique et le monde

163. PAUL AUSTER
Mr Vertigo

164. ABBÉ LHOMOND
De Viris illustribus Urbis Romæ

165. GUY DE MAUPASSANT
Les Horlas

166. ÉLISÉE RECLUS
Histoire d'un ruisseau

167. MICHEL TREMBLAY
Le Cœur découvert

168. MICHEL TREMBLAY
Le Cœur éclaté

169. BÉATRIX BECK
Grâce

170. RAUDA JAMIS
Frida Kahlo

171. HOMÈRE
L'Iliade

172. HOMÈRE
L'Odyssée

173. RAMÓN CHAO
Un train de glace et de feu (la Mano Negra en Colombie)

174. ROBERT DOISNEAU
A l'imparfait de l'objectif

175. ALEXANDRE DUMAS
La Chasse au chastre

176. JACQUES GAILLARD
Beau comme l'antique

177. PIER PAOLO PASOLINI
Théâtre

178. JEF GEERAERTS
Black Venus

179. MICHEL TREMBLAY
La grosse femme d'à côté est enceinte

180. MICHEL TREMBLAY
Thérèse et Pierrette à l'école des Saints-Anges

181. BRAM STOKER
La Dame au linceul

182. LOUIS EDMOND DURANTY
Théâtre des marionnettes

183. EDMOND DE GONCOURT
La Faustin

184. CONRAD DETREZ
Les Plumes du coq

185. NICOLAS VANIER
Transsibérie, le mythe sauvage

186. BERBEROVA
Où il n'est pas question d'amour

187. DANIEL DEFOE
Robinson Crusoé

188. ANTON TCHEKHOV
La Mouette

189. ANTON TCHEKHOV
L'Homme des bois

190. INTERNATIONALE DE L'IMAGINAIRE N° 5
La Scène et la Terre

191. PEDRO CALDERÓN DE LA BARCA
La vie est un songe

192. ALEXANDER LERNET-HOLENIA
Le Régiment des Deux-Siciles

193. ARISTOPHANE
Les Oiseaux

194. JEAN-PIERRE FAYE ET ANNE-MARIE DE VILAINE
La Déraison antisémite et son langage, dialogue sur l'histoire et l'identité juive

195. JACQUES POULIN
Les Grandes Marées

196. SIRI HUSTVEDT
Les Yeux bandés

197. ROBERT PENN WARREN
Les Rendez-Vous de la clairière

198. JOHN BANVILLE
Le Livre des aveux

199. JOHN MILLINGTON SYNGE
Théâtre

200. ISAAC BABEL
Récits d'Odessa

201. ISAAC BABEL
Chroniques de l'an 18

202. FÉDOR DOSTOÏEVSKI
La Logeuse

203. PACO IGNACIO TAIBO II
Sentant que le champ de bataille…

204. FRÉDÉRIC JACQUES TEMPLE
Un cimetière indien

205. INTERNATIONALE DE L'IMAGINAIRE N° 6
Le Liban second

206. SHERIDAN LE FANU
Carmilla

207. ANDRÉE CHEDID
La Femme de Job

208. DANIEL ZIMMERMANN
Nouvelles de la zone interdite

209. NAGUIB MAHFOUZ
Le Voleur et les Chiens

210. MOHAMMED DIB
Au café

211. AMADOU HAMPÂTÉ BÂ
Oui mon commandant !

212. NANCY HUSTON
La Virevolte

213. FRANÇOIS POIRIÉ
Emmanuel Lévinas

214. MATTHEW G. LEWIS
Le Moine

215. ROY LEWIS
Pourquoi j'ai mangé mon père

216. RUSSELL BANKS
Sous le règne de Bone

217. BARBARA GLOWCZEWSKI
Les Rêveurs du désert

218. GEORGE SAND
Mademoiselle Merquem

219. JACQUES POULIN
La Tournée d'automne

220. SIR JOHN HUNT
Victoire sur l'Everest

221. MICHEL TREMBLAY
Un ange cornu avec des ailes de tôle

222. MURIEL CERF
Une passion

223. PHILIPPE DE LA GENARDIÈRE
Legs

224. YING CHEN
La Mémoire de l'eau

225. DOMINIQUE ROLIN
L'Infini chez soi

226. ISABELLE EBERHARDT ET VICTOR BARRUCAND
Dans l'ombre chaude de l'islam

227. MADISON SMARTT BELL
Save me, Joe Louis

228. POLIDORI
Le Vampire

229. BETTINA LAVILLE ET JACQUES LEENHARDT
Villette-Amazone

230. TAYEB SALIH
Saison de la migration vers le Nord

231. FÉDOR DOSTOÏEVSKI
Crime et Châtiment, vol. 1

232. FÉDOR DOSTOÏEVSKI
Crime et Châtiment, vol. 2

233. WILLIAM SHAKESPEARE
Hamlet – Macbeth

234. CLAUDE PUJADE-RENAUD
La Danse océane

235. CLAUDE PUJADE-RENAUD
Martha ou le Mensonge du mouvement

236. JEAN-MARC DUROU
L'Exploration du Sahara

237. FRÉDÉRIC H. FAJARDIE
Des lendemains enchanteurs

238. JAN VALTIN
Sans patrie ni frontières

239. BERNAL DÍAZ DEL CASTILLO
La Conquête du Mexique

240. EMMANUEL KANT
La Fin de toutes choses

241. HELLA S. HAASSE
Un goût d'amandes amères

242. THÉOPHILE GAUTIER
Les Mortes amoureuses

243. *
Contes d'Asie Mineure
recueillis par Calliopi Moussaiou-Bouyoukou

244. JEAN-LUC OUTERS
L'Ordre du jour

246. CLAUDE PUJADE-RENAUD
Belle Mère

247. ISAAC BABEL
Cavalerie rouge / Journal de 1920

248. VICTOR HUGO
Lucrèce Borgia

249. MARQUIS DE SADE
Lettres à sa femme

250. JACQUES BERQUE
Les Arabes / Andalousies

251. ZOÉ VALDÉS
Le Néant quotidien

252. EILHART VON OBERG
Tristan et Iseut

253. ROLAND DORGELÈS
Route des tropiques

254. MICHEL TREMBLAY
Douze coups de théâtre

255. PAUL AUSTER
Smoke - Brooklyn Boogie

256. MOHAMMED DIB
Le Talisman

257. ASSIA DJEBAR
Les Alouettes naïves

258. VINCENT BOREL
Un ruban noir

259. RENÉ DESCARTES
La Recherche de la vérité

260. GEORGES-OLIVIER CHÂTEAUREYNAUD
Les Messagers

261. HENRY JAMES
Le Motif dans le tapis

262. JACQUES GAILLARD
Rome, le temps, les choses

263. ROBERT LOUIS STEVENSON
L'Etrange Affaire du Dr Jekyll et de Mr Hyde

264. MAURICE MAETERLINCK
La Mort de Tintagiles

265. FRANÇOISE DE GRUSON
La Clôture

266. JEAN-FRANÇOIS VILAR
C'est toujours les autres qui meurent

267. DAGORY
Maison qui pleure

268. BRAM STOKER
Dracula

269. DANIEL GUÉRIN
Front populaire, révolution manquée

270. MURIEL CERF
Le Diable vert

272. JEAN-PIERRE VERHEGGEN
Le Degré Zorro de l'écriture

273. JOHN STEINBECK
Voyage avec Charley

274. NINA BERBEROVA
La Souveraine

275. JOSEPH PÉRIGOT
Le Dernier des grands romantiques

276. FRÉDÉRIC H. FAJARDIE
Gentil, Faty !

277. FÉDOR DOSTOÏEVSKI
L'Eternel Mari

278. COMTESSE DE SÉGUR
Les Malheurs de Sophie / Les Petites Filles modèles /
Les Vacances

279. HENRY BAUCHAU
Diotime et les lions

280. ALICE FERNEY
L'Elégance des veuves

281. MICHÈLE LESBRE
Une simple chute

282. JEAN-PIERRE BASTID
La Tendresse du loup

COÉDITION ACTES SUD – LEMÉAC

Ouvrage réalisé
par l'Atelier graphique Actes Sud.
Achevé d'imprimer
en mars 2008
par Bussière à Saint-Amand-Montrond
pour le compte
d'ACTES SUD
Le Méjan
Place Nina-Berberova
13200 Arles.

Dépôt légal
1re édition : septembre 1997
N° impr. : 081010/1